Cajas de cartón

Relatos de la vida peregrina de un niño campesino

Francisco Jiménez

Introducción por Luis Leal

Houghton Mifflin Company   Boston   New York

Director, Modern Language Programs: E. Kristina Baer
Development Manager: Beth Kramer
Associate Sponsoring Editor: Amy Baron
Editorial Assistant: Lydia Mehegan
Associate Project Editor: Amy Johnson
Senior Production/Design Coordinator: Jennifer Waddell
Senior Manufacturing Coordinator: Sally Culler
Marketing Manager: Patricia Fossi
Associate Marketing Manager: Tina Crowley Desprez

Cover design: Rebecca Fagan
Cover illustration: Clem Bedwell

Library of Congress Catalog Number: 99-71969

ISBN: 0-395-95581-5

9-CRW-08 07 06

Índice

Reconocimientos

Esta colección de cuentos ha sido posible gracias a muchas personas. Estoy en deuda con mi familia, cuyas vidas están representadas en este libro. Estas historias son tanto suyas como mías. Éstas son también las historias de muchos niños migratorios campesinos de ayer y de hoy. Les agradezco a todos, y les pido disculpas por tomarme la libertad de escribir sobre ellos, conociendo perfectamente mis limitaciones como escritor. El valor, tenacidad e inquebrantable esperanza que despliegan en medio de la adversidad han sido para mí una constante fuente de inspiración.

Gracias a los numerosos maestros y alumnos que, en el transcurso de los años, me han comunicado sus impresiones acerca de mi obra. Su particular interés en el cuento "Cajas de cartón" y las exhortaciones que me hicieron para escribir otros relatos más acerca de mi vida me han motivado considerablemente a seguir escribiendo.

Les agradezco a mis amigos y colegas, que orientaron mi camino con sus críticas y observaciones constructivas: Cedric Busette, Kate Martin Fergueson y Alma García. Un especial reconocimiento al distinguido erudito y escritor, don Luis Leal, por su valiosa introducción; y a mi familia inmediata por escuchar pacientemente los diversos borradores de los cuentos, y ofrecerme valiosos comentarios al respecto.

Quisiera expresar aquí mi sincera gratitud hacia mis profesores, cuya fe en mis capacidades y cuyas enseñanzas me ayudaron a romper el circuito migratorio.

Reconozco la deuda con mis editoras, Andrea Otañez y Lydia Mehegan por sus valiosas sugerencias para mejorar el texto, y a Kristina Baer por su apoyo incondicional. Agradezco también a Douglas Salamanca y a mis muy estimadas colegas, Elsa Li y Lucía Varona, por su ayuda en la revisión del manuscrito.

Finalmente, estoy muy agradecido a Isela Escamilla y a Luz Rodríguez por su asistencia en la preparación del manuscrito, y a la Universidad de Santa Clara por concederme el tiempo y brindarme el estímulo para completar este libro.

Introducción

Que se inicie una serie de libros en español en los Estados Unidos es un acontecimiento digno de ser celebrado. Si bien ya desde el siglo pasado se publicaban libros en español en los Estados Unidos, por lo general eran impresos por encargo de las escuelas en Hispanoamérica o para ser vendidos al público general en esos países. También eran impresos libros en español para aprender inglés, y en años recientes importantes editoriales han comenzado a publicar traducciones de las obras de los más reconocidos autores del mundo hispano, ya en ediciones bilingües, ya en ediciones separadas en español e inglés.

La serie Nuestra visión: U. S. Latino Literature, que tan acertadamente se inicia con el libro *Cajas de cartón* de Francisco Jiménez, tiene un propósito distinto, un propósito hasta hoy no intentado por las grandes editoriales: dar a conocer la literatura de los latinos y latinas, los escritores de origen hispano nativos o residentes de los Estados Unidos, grupo ya sumamente importante pero cuya literatura en español, desafortunadamente, no es bien conocida. No se debe esto, por supuesto, a la falta de interés en sus obras, sino, principalmente, a la disponibilidad de textos. El pueblo latino en los Estados Unidos crece a grandes pasos (ya pasa de los treinta millones según las estadísticas más recientes) y el número de estudiantes de español de ascendencia hispana aumenta cada día. Este crecimiento ha motivado a la editorial Houghton Mifflin a publicar esta serie de textos precisamente ahora, cuando más necesario es poner en manos de estos estudiantes literatura de alta calidad lingüística y literaria escrita por latinos.

Los estudiantes hispanohablantes que empiezan a estudiar español en la universidad no disponen de textos literarios que sean accesibles y pertinentes. El propósito de la serie *Nuestra visión* es la de subsanar esa falta de textos con obras que sean de nivel apropiado. Estos textos, esmeradamente escogidos, serán de gran interés personal para aquellos estudiantes latinos que deseen enterarse más a fondo de su rica herencia. Al mismo tiempo, esos textos revelarán a los lectores no hispanos la riqueza y vitalidad de la literatura de los latinos en los Estados Unidos. La elección de obras reflejará las necesidades pedagógicas e intereses de lectores tanto hispanohablantes como no hispanohablantes, y le facilitará al lector la adquisición de una biblioteca básica de las principales obras de escritores latinos, hoy tan difícil de reunir. Al maestro de lengua, literatura o cultura, esta colección le proporcionará los textos necesarios para el estudio y enseñanza de las materias que imparte.

Otro propósito de la serie es el de dar a conocer, por medio de estos textos, las diferencias y semejanzas existentes entre los varios grupos latinos, con el propósito de facilitar la mutua comprensión y entendimiento entre éstos. Además, Houghton Mifflin desea dar al amplio público la oportunidad de conocer la vida y los valores culturales que comparten los varios grupos que constituyen el pueblo latino en Norteamérica, al igual que las diferencias que hay entre éstos. Este conocimiento es necesario, ya que la cultura norteamericana es un mosaico compuesto de las contribuciones de todas aquellas culturas que desde que se fundó el país han vivido en paz y armonía bajo el manto de la libertad y la democracia.

Como el título mismo de la serie indica, la visión reflejada en los textos seleccionados será desde la perspectiva latina salida del propio grupo. Todos los autores incluídos serán de origen latino. Los editores creen firmemente que no existe mejor manera de obtener dicho acercamiento que no sea a través de la literatura, y sobre todo de la narrativa, ya que es ése el género que más se presta para tal fin. La narrativa, como descubrirá el lector, es un verdadero espejo de la comunidad social, y sobre todo en el caso de la comunidad latina en los Estados Unidos.

Cajas de cartón

En los cuentos del escritor mexicoamericano Francisco Jiménez, catedrático de la Universidad de Santa Clara en California, el lector o la lectora encontrará un texto en el cual se relata la vida, aventuras y desventuras de una familia mexicana que abandona su comunidad al norte de Guadalajara, México, en busca de una vida mejor en California. Los acontecimientos a través de los cuales tiene que pasar esa familia —típica de toda familia que emigra— para sobrevivir, relatados por uno de los hijos, el niño Panchito, son reveladores de lo que les ocurre a todos aquellos inmigrantes que desean establecerse en este país, sin tener otra cosa que ofrecer que su trabajo manual. Jiménez logra captar admirablemente todas las penalidades que atraviesa la familia, desde la salida de México hasta que se establece en California, sin hablar inglés y sin tener conocimiento de las costumbres del pueblo norteamericano.

De gran interés son las descripciones que Panchito hace del trabajo en el campo pizcando (cosechando) algodón; sus deseos de acompañar a sus padres en la labor en vez de tener que cuidar a su hermanito; los trabajos de su madre para poder sobrevivir; la falta de recursos para curar al niño que está a punto de morir; las experiencias de Panchito en la escuela, sin saber inglés y sin que le permitieran hablar en español; los abruptos cambios de escuela, y en fin, toda clase de dificultades a través de varios años de trabajo de campo en campo, pero sin perder la fe en un mejor futuro para la familia.

Al mismo tiempo, nos enteramos de los cambios de ánimo del narrador, Panchito, personaje sensible y curioso de lo que ocurre a su alrededor. Panchito describe su vida interior en un estilo directo, propio de su edad y estado social, mediante un español que refleja el habla de los escritores latinos en los Estados Unidos. Pero no todo es descripción del mundo exterior. Panchito también nos revela sus problemas existenciales, que van más allá de la realidad inmediata: Panchito también es soñador, poeta y artista a su manera, capaz de dibujar una bella mariposa o soñar que ve un pez dorado.

Las historias recogidas en *Cajas de cartón,* si bien comparten a los mismos personajes y al mismo narrador y son contadas en el mismo estilo, pueden ser leídas independientemente, ya que cada una de ellas tiene la estructura de un cuento. Cuando terminamos la lectura, sin embargo, nos damos cuenta de que hemos leído la saga de una de esas familias que han abandonado su tierra natal para echar raíces en suelo extranjero. En el caso de los Estados Unidos, ésas son las familias que han dado forma a la cultura y civilización del país. Por lo general, son familias que permanecen en el silencio. En el caso de la familia de Panchito, Francisco Jiménez ahora les ha dado una voz.

Luis Leal

Bajo la alambrada

La frontera es una palabra que yo a menudo escuchaba cuando, siendo un niño, vivía allá en México, en un ranchito llamado El Rancho Blanco, enclavado entre lomas secas y pelonas, muchas millas al norte de Guadalajara. La escuché por primera vez a fines de los años 40, cuando Papá y Mamá nos dijeron a mí y a Roberto, mi hermano mayor, que algún día íbamos a hacer un viaje muy largo hacia el norte, cruzar la frontera, entrar en California y dejar atrás para siempre nuestra pobreza.

Yo ni siquiera sabía exactamente qué cosa era California, pero veía que a Papá le brillaban los ojos siempre que hablaba de eso con Mamá y sus amigos. «Cruzando la frontera y llegando a California, nuestra vida va a mejorar», decía siempre, parándose muy erguido y echando adelante el pecho.

Roberto, que era cuatro años mayor que yo, se emocionaba mucho cada vez que Papá hablaba del mentado viaje a California. A él no le gustaba vivir en El Rancho Blanco, aún menos le gustó después de visitar en

Guadalajara a nuestro primo Fito, que era mayor que nosotros.

Fito se había ido de El Rancho Blanco. Estaba trabajando en una fábrica de tequila y vivía en una casa con dos recámaras, que tenía luz eléctrica y un pozo. Le dijo a Roberto que él, Fito, ya no tenía que madrugar levantándose, como Roberto, a las cuatro de la mañana para ordeñar las cinco vacas. Ni tenía tampoco que acarrear a caballo la leche, en botes de aluminio, por varias millas, hasta llegar al camino por donde pasaba el camión que la recogía para llevarla a vender al pueblo. Ni tenía que ir a buscar agua al río, ni dormir en piso de tierra, ni usar velas para alumbrarse.

Desde entonces, a Roberto solamente le gustaban dos cosas de El Rancho Blanco: buscar huevos de gallina y asistir a misa los domingos.

A mí también me gustaba buscar huevos e ir a misa. Pero lo que más me gustaba era oír contar cuentos. Mi tío Mauricio, el hermano de Papá, solía llegar con su familia a visitarnos por la noche, después de la cena. Entonces nos sentábamos todos alrededor de la fogata hecha con estiércol seco de vaca y nos poníamos a contar cuentos mientras desgranábamos las mazorcas de maíz.

En una de esas noches, Papá hizo el gran anuncio: Íbamos por fin a hacer el tan ansiado viaje a California, cruzando la frontera. Pocos días después, empacamos nuestras cosas en una maleta y fuimos en camión hacia Guadalajara para tomar allí el tren. Papá compró boletos para un tren de segunda clase, perteneciente a los Ferrocarriles Nacionales de México. Yo nunca había visto antes un tren. Lo veía como un montón de chocitas metálicas, ensartadas en una cuerda. Subimos al tren y buscamos nuestros asientos. Yo me quedé parado mirando por la ventana. Cuando el tren empezó a andar, se sacudió e hizo un fuerte ruido, como miles de botes chocando unos contra otros. Yo me asusté y estuve a punto de caerme. Papá me agarró en el aire y me ordenó que me estuviera sentado. Me puse a mover las piernas, siguiendo el movimiento del tren. Roberto iba sentado frente a mí, al lado de Mamá, y en su cara se pintaba una sonrisa grande.

Viajamos por dos días y dos noches. En las noches, casi no podíamos dormir. Los asientos de madera eran muy duros y el tren hacía ruidos muy fuertes, soplando su silbato y haciendo rechinar los frenos. En la primera parada a la que llegamos, yo le pregunté a Papá:

—¿Aquí es California?

—No mi'jo, todavía no llegamos —me contestó con paciencia—. Todavía nos faltan muchas horas más.

Me fijé que Papá había cerrado los ojos. Entonces me dirigí a Roberto y le pregunté: —¿Cómo es California? —No sé —me contestó—; pero Fito me dijo que ahí la gente barre el dinero de las calles.

—¿De dónde sacó Fito esa locura? —preguntó Papá, abriendo los ojos y riéndose.

—De Cantinflas —aseguró Roberto—. Dijo que Cantinflas lo había dicho en una película.

—Ése fue un chiste de Cantinflas —respondió Papá siempre riéndose—. Pero es cierto que allá se vive mejor.

—Espero que así sea —dijo Mamá—. Y abrazando a Roberto agregó: —Dios lo quiera.

El tren redujo la velocidad. Me asomé por la ventana y vi que íbamos entrando a otro pueblo. —¿Es aquí? —pregunté.

—¡Otra vez la burra al trigo! —me regañó Papá, frunciendo el entrecejo—. ¡Yo te aviso cuando lleguemos!

—Ten paciencia, Panchito —dijo Mamá, sonriendo—. Pronto llegaremos.

Cuando el tren se detuvo en Mexicali, Papá nos dijo que nos bajáramos. —Ya casi llegamos —dijo mirándome. Él cargaba la maleta color café oscuro. Lo seguimos hasta que llegamos a un cerco de alambre. Según nos dijo Papá, ésa era la frontera. Él nos señaló la alambrada gris y nos aclaró que del otro lado estaba California, ese lugar famoso, del que yo había oído hablar tanto. A ambos lados de la cerca había guardias armados que llevaban uniformes verdes. Papá les llamaba «la migra» y nos explicó que teníamos que cruzar la cerca sin que ellos nos vieran.

Ese mismo día, cuando anocheció, salimos del pueblo y nos alejamos varias millas caminando. Papá, que iba adelante, se detuvo, miró todo alrededor para asegurarse de que nadie nos viera y se arrimó a la cerca. Nos fuimos caminando a la orilla de la alambrada hasta que Papá encontró un hoyo pequeño en la parte de abajo. Se arrodilló y con las manos se puso a cavar el hoyo para agrandarlo. Entonces nosotros pasamos a través de él, arrastrándonos como culebras. Un ratito después, nos recogió una señora que Papá había conocido en Mexicali. Ella había prometido que, si le pagábamos, iba a recogernos en su carro y llevarnos a un lugar donde podríamos encontrar trabajo.

Viajamos toda la noche en el carro que la señora iba manejando. Al amanecer llegamos a un campamento de trabajo cerca de Guadalupe, un pueblito en la costa.

Ella se detuvo en la carretera, al lado del campamento.
—Éste es el lugar del que les hablé —dijo cansada—.
Aquí encontrarán trabajo pizcando fresa.

Papá descargó la maleta de la cajuela, sacó su cartera
y le pagó a la señora. —Nos quedan nomás siete dólares
—dijo, mordiéndose el labio. Después de que la señora
se fue, nos dirigimos al campamento por un camino de
tierra, flanqueado con árboles de eucalipto. Mamá me
llevaba de la mano, apretándomela fuertemente. En el
campamento les dijeron a Mamá y Papá que el capataz
ya se había ido, y que no volvería hasta el próximo día.

Esa noche dormimos bajo los árboles de eucalipto.
Juntamos unas hojas que tenían un olor a chicle, y las
apilamos para acostarnos encima de ellas. Roberto y yo
dormimos entre Papá y Mamá.

A la mañana siguiente, me despertó el silbato de un
tren. Por una fracción de segundo, me pareció que
todavía íbamos en el tren rumbo a California. Echando
un espeso chorro de humo negro, el tren pasó detrás
del campamento. Viajaba a una velocidad mucho mayor
que el tren de Guadalajara. Mientras lo seguía con la
mirada, oí detrás de mí la voz de una persona desconoci-
da. Era una señora que se había detenido para ver en
qué nos podía ayudar. Su nombre era Lupe Gordillo,

y era del campamento vecino al nuestro. Nos llevó algunas provisiones y nos presentó al capataz que afortunadamente hablaba español. Él nos prestó una carpa militar para vivir en ella, y también nos ayudó a armarla. —Ustedes tienen suerte —nos dijo—. Ésta es la última que nos queda.

—¿Cuándo podemos comenzar a trabajar? —preguntó Papá, frotándose las manos.

—En dos semanas —respondió el capataz.

—¡No puede ser! —exclamó Papá, sacudiendo la cabeza—. ¡Nos dijeron que íbamos a trabajar de inmediato!

—Lo siento mucho, pero resulta que la fresa no estará lista para pizcar hasta entonces —contestó el capataz, encogiéndose de hombros y luego retirándose.

Después de un largo silencio, Mamá dijo: —Le haremos la lucha, viejo. Una vez que empiece el trabajo, todo se va a arreglar.

Roberto estaba callado. Tenía una mirada muy triste.

Las dos semanas siguientes, Mamá cocinó afuera, en una estufita improvisada, hecha con algunas piedras grandes, y usando un comal que le había dado doña Lupe. Comíamos verdolagas, y también pájaros y conejos que Papá cazaba con un rifle que le prestaba un vecino.

Para distraernos, Roberto y yo nos poníamos a ver los trenes que pasaban detrás del campamento. Nos arrastrábamos debajo de una alambrada de púas para llegar a un punto desde donde los podíamos ver mejor. Los trenes pasaban varias veces al día.

Nuestro tren favorito pasaba siempre a mediodía. Tenía un silbido diferente al de los otros trenes. Nosotros lo reconocíamos desde que venía de lejos. Roberto y yo le llamábamos «El Tren de Mediodía». A menudo, llegábamos temprano y nos poníamos a jugar en los rieles, mientras esperábamos que pasara. Corríamos sobre los rieles, o caminábamos sobre ellos, procurando llegar lo más lejos que pudiéramos sin caernos. También nos sentábamos en los rieles para sentirlos vibrar cuando se acercaba el tren. Conforme pasaron los días, aprendimos a reconocer desde lejos al conductor del tren. Él disminuía la velocidad cada vez que pasaba junto a nosotros, y nos saludaba con su cachucha gris con rayas blancas. Nosotros también le devolvíamos el saludo.

Un domingo, Roberto y yo cruzamos la alambrada más temprano que de costumbre para ver el tren de mediodía. Roberto no tenía ganas de jugar, así que nos sentamos en uno de los rieles con los brazos entre las piernas y la frente en las rodillas. —Me gustaría saber de dónde viene ese tren —le dije a Roberto—. ¿Tú no lo sabes?

—Yo también he estado pensando en eso —contestó, levantando muy despacio la cabeza—. Creo que viene de California.

—¡California! —exclamé yo—. ¡Pero si aquí estamos en California!

—No estoy tan seguro —dijo—. Recuerda lo que ...

Entonces lo interrumpió el silbido del tren que conocíamos tan bien. Nos apartamos de los rieles, haciéndonos a un lado. El conductor disminuyó la velocidad hasta casi detenerse, nos saludó y dejó caer una bolsa de papel color café, justamente cuando estaba frente a nosotros. La recogimos y examinamos lo que había adentro. Estaba llena de naranjas, manzanas y dulces.

—¡Ya ves, te dije que venía de California! —exclamó Roberto. Corrimos al lado del tren saludando con la mano al conductor. El tren aceleró y pronto nos dejó atrás. Seguimos el tren con la mirada y lo vimos hacerse más y más chiquito, hasta que desapareció completamente.

Soledad

Esa fría mañana, muy tempranito, Papá estacionó la Carcachita, nuestro viejo coche, a un lado del campo de algodón. Él, Mamá y Roberto, mi hermano mayor, se bajaron del carro para ir al otro extremo del campo donde comenzaba la pizca. Como de costumbre, me dejaron solo en el coche para cuidar a Trampita, mi hermano menor, que tenía seis meses de edad. Me molestaba mucho quedarme solo con él mientras ellos pizcaban algodón.

Cuando ellos se internaban en el campo, yo me subí al toldo del coche, me paré de puntillas y los seguí con la mirada hasta que ya no los pude distinguir de los otros pizcadores. Tan pronto los perdí de vista, sentí un dolor en el pecho, ese dolor que siempre sentía cuando nos dejaban solos a Trampita y a mí. Sollozando, me bajé del toldo y abracé a Trampita, que dormía en el asiento trasero. Él se despertó llorando y temblando de frío. Lo tapé con una cobija pequeña y le dí su biberón. Él se calmó y se volvió a dormir.

Después de varias horas muy largas, me volví a subir al toldo para ver si Papá, Mamá y Roberto venían ya de regreso para el almuerzo. Aguzaba la vista lo más que podía sin parpadear, procurando avistarlos. Cuando finalmente los vi, el corazón me comenzó a latir a cien por hora. Salté del coche al suelo, me caí, me levanté y corrí a su encuentro. Casi derribé a Roberto cuando salté para abrazarlo.

Después de cerciorarse que Trampita estaba bien, Mamá y Papá extendieron en el suelo una cobija militar de color verde detrás de la Carcachita, donde todos nos sentamos a comer. Mamá cogió una bolsa grande de mandado y sacó los tacos que nos había preparado esa madrugada. Papá comió de prisa porque a él no le gustaba perder tiempo para regresar a trabajar. Roberto y yo comíamos despacio, tratando de hacer durar un poco más ese momento. Mamá cargaba en el brazo izquierdo a Trampita para amamantarlo mientras ella comía con la mano derecha. Luego puso a mi hermanito en el asiento trasero, le cambió el pañal, y lo besó suavemente en la frente mientras él iba cerrando los ojos para volverse a dormir. Papá se levantó, dobló la cobija y la volvió a poner en la cajuela. Recogió el costal vacío para el algodón y se lo echó al hombro izquierdo; ésta era la señal para Roberto y para Mamá de que era hora de regresar a trabajar.

Cuando ellos se fueron otra vez después del almuerzo, me subí de nuevo al toldo de la Carcachita y los vi desaparecer en el mar de algodón. Nuevamente sentí ese dolor en el pecho y los ojos se me empañaron. Me recosté en la llanta trasera de la Carcachita, me senté y pensé: «Si aprendiera a pizcar algodón .... Papá me dejaría ir con él, Mamá y Roberto, y ¡no me quedaría solo nunca más!».

Después de asegurarme que Trampita seguía dormido, me dirigí silenciosamente al surco más cercano al coche para pizcar algodón por primera vez.

No era tan fácil como pensaba. Traté de hacerlo con ambas manos como lo hacía Roberto, pero sólo pude pizcar una borra de algodón a la vez. Sujetaba firmemente la cáscara del algodón por debajo con la mano izquierda y con la derecha pizcaba las borras para apilarlas en el suelo. Las espinas agudas de las cáscaras del algodón me arañaban las manos como si fueran uñas de gato y a veces se enterraban debajo de las uñas y hacían sangrar los dedos. Tenía dificultades con las borras que estaban en la punta de las plantas más altas, así que me recargaba contra las plantas y las empujaba con mi cuerpo hasta hacerlas descender y tocar el suelo. Entonces me paraba en ellas y me agachaba a recoger las borras. Luego me quitaba rápidamente, puesto que las plantas se volvían a enderezar como si fueran arcos y me golpeaban la cara si no me apartaba a tiempo.

Al final del día estaba cansado y decepcionado. No había pizcado tanto algodón como hubiese querido y el montón sólo tenía cerca de dos pies de altura. Recordé que Papá decía que pagaban a tres centavos la libra, así que mezclé algunos terrones con el algodón para que pesara más.

Al obscurecer, Papá, Mamá y Roberto regresaron finalmente. Estaba a punto de contarles la noticia cuando Mamá me interrumpió: —¿Cómo está Trampita? —me preguntó, dirigiéndose inmediatamente al coche para ver si estaba bien. Cuando abrió la puerta y vio a Trampita, se puso muy enojada. Yo había estado tan ocupado aprendiendo a pizcar algodón que me olvidé por completo de cuidarlo. Cansado de llorar, se había vuelto a quedar dormido después de haberse ensuciado y quebrado el biberón. —¡Te dije que lo cuidaras! —me gritó Mamá.

—Pero mira lo que hice —le contesté, orgullosamente señalando la pila de algodón que había pizcado. Mamá miró de reojo la pila, movió la cabeza con desaprobación y comenzó a limpiar a Trampita. Papá miró la pila, sonrió ligeramente y le pidió a Roberto que lo ayudara a juntar el algodón. Su sonrisa rápidamente se convirtió en enojo cuando descubrió los terrones. Los separó del algodón y me señaló uno por uno los pedazos de barro que arrojaba al suelo. —Debería darte vergüenza. Nos podrían despedir por esto —me dijo—. Además tu obligación es cuidar a Trampita. ¿Está claro? —añadió—, colocando ambas manos en la hebilla de su cinturón.

—Sí, Papá —respondí tímidamente. Estaba confundido y herido. Buscando consuelo, me acerqué a Roberto y le susurré: —Algún día conseguiré ir a pizcar algodón contigo, con Papá y Mamá, y entonces jamás estaré solo. Roberto me puso el brazo alrededor del cuello y asintió con la cabeza.

De dentro hacia afuera

—Recuerdo que me pegaban en las manos con una regla de doce pulgadas porque no obedecía las instrucciones en la clase —me dijo Roberto, mi hermano mayor, cuando le pregunté acerca de su primer año en la escuela—. ¿Pero cómo iba a obedecer —continuó diciendo en tono molesto— si la maestra las daba en inglés?

—Y ¿qué hacías? —le pregunté, mirándome las manos.

—Siempre trataba de adivinar lo que la maestra quería que hiciera y, cuando ella no usaba la regla para pegarme, sabía que había adivinado bien —me contestó—. Algunos de los niños se reían de mí cuando trataba de decir algo en inglés y no lo decía bien. ¡Peor todavía, tuve que repetir el primer año!

Hubiera querido no haberle preguntado, pero él era el único en la familia, incluidos Papá y Mamá, que había ido a la escuela. Me retiré. No quise escuchar más de lo que me estaba contando. Yo tampoco entendía o hablaba inglés y ya me sentía muy ansioso. Además, me sentía emocionado de ir por primera vez a la escuela el

siguiente lunes. Era a fines de enero y hacía una semana que habíamos regresado de Corcoran donde mi
familia pizcaba algodón. Nos establecimos en una carpa
en «Tent City», un campamento de trabajo que
pertenecía al granjero «Sheehey». El campamento
estaba a diez millas al este de Santa María, California.

Roberto y yo nos levantamos temprano el lunes por
la mañana para ir a la escuela. Me puse un overol, que
no me gustaba porque tenía tirantes, y una camisa de
franela a cuadros que Mamá me había comprado en
una tienda de segunda. Cuando me puse la cachucha,
Roberto me recordó que era mala educación llevarla
en la clase. Pensé dejarla en casa para no cometer el
error de olvidar quitármela en la clase, pero finalmente
decidí ponérmela; Papá siempre usaba cachucha y yo
no me sentía completamente vestido sin ella.

Al salir a tomar el camión de la escuela, Roberto y
yo le dijimos adiós a Mamá. Papá ya había salido muy
tempranito a buscar trabajo de desahijar lechuga. Mamá
se quedaba en la casa para cuidar a Trampita y para descansar, ya que esperaba otro bebé.

Cuando el camión de la escuela llegó, Roberto y yo
nos subimos y nos sentamos juntos. Me senté junto a la
ventanilla, por donde veía los interminables surcos de
lechugas y coliflores que pasaban zumbando. Las orillas

de los surcos que llegaban a la carretera de doble sentido parecían dos gigantescas piernas que nos acompañaban a lo largo del camino. El camión hacía varias paradas para recoger a otros niños y, con cada parada, el ruido que hacían los niños se volvía cada vez más fuerte. Yo no entendía nada porque todos hablaban inglés. Me comenzó a doler la cabeza. Roberto tenía los ojos cerrados y fruncía el ceño. Pensé que también le dolía la cabeza.

Cuando llegamos a la Main Street School, el camión estaba bien lleno. El chofer lo estacionó frente al edificio de ladrillo rojo, abrió la puerta y todos salimos en montón. Roberto, que había asistido a la escuela el año anterior, me acompañó a la oficina del director. El señor Sims, el director, era un hombre alto de pelo rojo, cejas pobladas y manos velludas. Él escuchó pacientemente a Roberto que, con su poco inglés, logró inscribirme en el primer año.

El señor Sims me llevó a mi clase. Me gustó tan pronto como la vi porque, a diferencia de nuestra carpa que tenía piso de tierra, la clase tenía piso de madera, luces eléctricas y calefacción. Se sentía muy cómoda. Me presentó a la maestra, la señorita Scalapino, quien sonrió repitiendo mi nombre «Francisco». Fue la única palabra que entendí todo el tiempo que mi maestra y el director hablaron. Lo repetían cada vez que me miraban. Después que el director salió, la maestra me mostró mi pupitre, que era el último de la fila más cercana a las ventanas. Yo era en ese momento el único en la clase.

Me senté y pasé la mano sobre la superficie de madera del pupitre. Estaba llena de rayas y manchas obscuras de tinta, casi negras. En la gaveta del pupitre había un libro, una caja de crayones de colores, una regla amarilla, un lápiz grueso y unas tijeras. A mi izquierda, bajo la ventana, había un mostrador de madera obscura que se extendía a lo largo de la clase. Encima, muy cerca de mi pupitre, había una oruga en un frasco grande. Se parecía a las orugas que había visto en el campo. Era un gusanillo de color verde amarillento con bandas negras. Se movía muy lentamente sin hacer ruido.

Estaba a punto de meter la mano y tocar a la oruga cuando la campana sonó. Todos los niños entraron silenciosamente y tomaron sus asientos. Algunos me miraron y se pusieron a reír. Avergonzado y nervioso, volteé la cabeza y dirigí la mirada hacia el frasco donde estaba la oruga. Esto lo hacía cada vez que alguien me miraba.

Cuando la maestra comenzó a hablar, yo no entendía nada de lo que estaba diciendo, ni una palabra. Cuanto más hablaba ella, más ansioso me ponía. Al final de la clase me sentía muy cansado de escuchar a la señorita Scalapino ya que los sonidos no tenían ningún sentido para mí. Pensé que a lo mejor poniendo mayor atención empezaría a entender, pero no fue así. Sólo conseguí un dolor de cabeza y en la noche, cuando me fui a acostar, oía la voz de la maestra en mi cabeza.

Esto ocurría día tras día hasta que encontré un escape. Cuando me empezaba a doler la cabeza por tratar de entender a la maestra, dejaba volar mi imaginación. Algunas veces me convertía en mariposa o pajarito y salía volando fuera de la clase. Volaba sobre los campos donde trabajaba Papá y lo sorprendía parándome cerca de él. Pero cuando soñaba, seguía mirando a la maestra y fingía que ponía atención ya que Papá me había dicho que era falta de respeto no poner atención, especialmente a la gente mayor.

Era más fácil soñar despierto cuando la maestra nos leía un libro con ilustraciones, ya que yo inventaba mis propias historias en español, basadas en las fotografías que traía el libro. La maestra sostenía el libro con las dos manos sobre su cabeza y caminaba por toda la clase para asegurarse que todos viéramos las ilustraciones que normalmente eran de animales. Disfrutaba mucho viendo las figuras e inventando historias, pero deseaba también entender lo que ella leía.

Con el tiempo aprendí los nombres de algunos de mis compañeros de clase. El que escuchaba más, y por lo tanto aprendí primero, fue el de «Curtis». Curtis era el más grande y popular de la clase. Todos querían ser sus amigos y jugar con él. Siempre era escogido capitán cuando los niños formaban equipos. Yo era el más pequeño de la clase, y porque no sabía inglés, me escogían el último.

Yo prefería andar con Arthur, uno de los niños que sabía un poco de español. Durante el recreo, él y yo jugábamos en los columpios y me imaginaba ser una estrella del cine mexicano, como Jorge Negrete o Pedro Infante, montado a caballo y cantando los corridos que con frecuencia escuchábamos en el radio del carro. Se los cantaba a Arthur mientras nos columpiábamos cada vez más fuerte.

Pero cuando hablaba con él en español y la maestra me escuchaba me decía «¡NO!» con toda su alma y corazón. Movía la cabeza de izquierda a derecha cientos de veces por segundo y su dedo índice se movía de un lado para otro tan rápido como un limpiaparabrisas en un día lluvioso. «¡English! ¡English!», repetía la maestra. Arthur me evitaba cuando ella estaba cerca.

En cada momento libre yo visitaba a la oruga. Algunas veces era difícil encontrarla ya que se confundía con las hojas verdes y las ramitas. Todos los días durante el recreo le llevaba hojas del pimentero y del ciprés que crecían en el patio de la escuela.

En lo alto del armario, frente al frasco de la oruga, había un libro de fotografías de orugas y mariposas. Me puse a ver página por página cada una de las fotografías, pasando ligeramente los dedos sobre las orugas y las alas brillantes de las mariposas con sus diferentes diseños. Yo sabía que las orugas se convertían en mariposas porque mi hermano Roberto me lo había dicho, pero yo quería saber mucho más. Sabía que la información estaba debajo de cada fotografía en las letras grandes y negras. Traté de interpretarlas mirando las fotografías. Lo hice tantas veces que podía cerrar los ojos y ver las palabras, pero no pude entender lo que decían.

Además de disfrutar los momentos que podía pasar con la oruga, me gustaba la clase de arte, que era todas las tardes después de que la maestra nos leía. Como yo no entendía las instrucciones que la maestra nos daba, ella me dejaba dibujar lo que yo quería. Dibujaba todo tipo de animales, pero la mayoría eran mariposas y pajaritos. Hacía un bosquejo y luego lo coloreaba, usando muchos de los colores de mi caja de crayones.

Me volví bueno en dibujar mariposas; incluso la maestra pegó uno de mis dibujos en el pizarrón para que todos lo vieran. Después de dos semanas desapareció y no supe cómo preguntar para saber dónde estaba.

En la mañana de un frío jueves, durante el recreo, yo era el único niño en el patio sin chamarra. El señor Sims debió haber notado que estaba temblando de frío ya que aquella tarde me llevó a su oficina donde tenía una caja de cartón llena de ropa usada. Sacó de ella una chamarra verde y me la dio para que me la probara. La chamarra olía a galletas de vainilla y leche. Me la puse, pero me quedaba muy grande. El señor Sims me la arremangó unas dos pulgadas para que me quedara. Me llevé la chamarra a mi casa y se la enseñé a mis padres. Me gustaba porque era verde y escondía mis tirantes.

Al día siguiente estaba en el patio con mi chamarra nueva, esperando a que la primera campanada sonara, cuando vi a Curtis. Se dirigía hacia mí como un toro furioso, apuntando su cabeza directamente hacia mí, con los brazos extendidos hacia atrás y los puños cerrados. Avanzó rápido y comenzó a gritarme. No le entendí nada, pero sabía que se trataba de algo relacionado con la chamarra porque me la empezó a jalar, tratando de quitármela. De repente me encontré luchando con Curtis en el suelo. Los otros niños nos rodeaban; los oía gritar el nombre de Curtis y algo más. Sabía que yo no iba a poder ganar, pero sujetaba terca- mente mi chamarra. Curtis jaló una de las mangas tan fuertemente que se rasgó del hombro; entonces la jaló de la bolsa derecha y la rasgó también. La maestra Scalapino llegó finalmente y nos separó. Empujó a Curtis y me sujetó tan fuerte de la nuca que casi me levantó del suelo. Tuve que hacer mucho esfuerzo para no llorar.

Cuando regresamos a la clase, Arthur me dijo que la maestra nos había castigado y que teníamos que quedarnos sentados en la banca el resto de la semana durante el recreo. También me dijo que Curtis recla- maba su chamarra, que la había perdido a principios del año. Al saber esto, se la devolví, pero nunca lo vi usarla.

El resto del día no pude ni siquiera fingir que ponía atención a lo que la maestra decía. Estaba tan avergon- zado que recosté mi cabeza en el pupitre y cerré los ojos. Seguía pensando en lo que había sucedido esa mañana y deseaba que eso nunca hubiera ocurrido. Quería quedarme dormido y despertar para descubrir que había sido sólo un sueño. La maestra me llamó pero yo no contesté. Oí que se acercaba hacia mí. No sabía qué esperar. Me sacudió suavemente por los hombros, pero otra vez no respondí. La maestra debió haber pensado que me había dormido porque me dejó, aun cuando era la hora del recreo y todos habían salido.

Cuando la clase quedó en silencio, abrí los ojos lentamente. Los había tenido cerrados tanto tiempo que la luz del sol que entraba por la ventana me pareció demasiado brillante. Me restregué los ojos con el dorso de la mano y luego miré hacia mi izquierda donde se encontraba el frasco con la oruga. La busqué pero no pude verla. Creyendo que estaba escondida, metí la mano y suavemente removí las hojas. Lo que encontré fue una sorpresa: la oruga se había hecho un capullo y se había pegado a una ramita. Parecía una pequeña bola dura de algodón. La acaricié suavemente con el dedo índice imaginándola dormida y en paz.

Ese mismo día, antes de irme a casa, la maestra Scalapino me dio una notita para entregársela a mis padres. Sabía que Papá y Mamá no sabían leer, pero en cuanto vieron mis labios hinchados y mi mejilla izquierda arañada, supieron lo que la notita decía. Cuando les dije lo que había pasado, se enojaron mucho, pero se sintieron aliviados de que no le hubiera faltado el respeto a la maestra.

Durante los días siguientes el ir a la escuela fue mucho más difícil que antes. Sin embargo, con el tiempo, comencé lentamente a olvidar lo que había pasado aquel viernes. Poco a poco fui acostumbrándome a la rutina de la escuela y empecé a aprender algunas palabras en inglés. Esto me hizo sentir más cómodo en la clase.

El miércoles 23 de mayo, unos días antes de concluir el año escolar, la señorita Scalapino nos pidió que pusiéramos atención. No entendía lo que ella decía pero oí que mencionaba mi nombre cuando mostraba un listón azul. Luego tomó de su escritorio mi dibujo de la mariposa que había desaparecido del pizarrón varias semanas atrás y lo sostuvo para que todos lo vieran. Caminó hacia mí y me entregó el dibujo con el listón azul de seda que tenía el número 1 impreso en oro. ¡Supe entonces que había recibido el primer lugar por mi dibujo! Estaba tan orgulloso que sentía como si fuera a estallar por dentro. Mis compañeros se apresuraron a ver el listón.

Esa tarde durante el tiempo libre fui a ver a la oruga. Giré el frasco tratando de ver el capullo. No podía creer lo que vieron mis ojos. El capullo comenzaba a abrirse. Señalándolo, grité emocionado: —¡*Look!* ¡*Look!* Como un enjambre de abejas, todos los niños se precipitaron al mostrador. La maestra tomó el frasco y lo colocó en un pupitre en medio de la clase para que todos pudieran verlo. En los siguientes minutos todos nosotros nos paramos ahí mirando cómo la mariposa emergía lentamente de su capullo.

Al fin del día, antes de la última campanada, la maestra levantó el frasco y nos llevó al patio. Colocó el frasco en el suelo y todos la rodeamos. La maestra me llamó y me señaló para que yo abriera el frasco. Me abrí paso, me arrodillé y lo destapé. Como algo mágico, la mariposa voló alegremente, agitando sus alas anaranjadas y negras.

Después de la escuela, esperaba en fila la llegada del camión enfrente del patio. Llevaba el listón azul en la mano derecha y el dibujo en la otra. Arthur y Curtis se acercaron y se pararon detrás de mí para esperar su camión. Curtis me hizo una señal para que le mostrara el dibujo otra vez. Lo sostuve para que lo pudiera ver.

—Realmente le gusta, Francisco —me dijo Arthur.

—¿Cómo se dice «es tuyo» en inglés? —le pregunté a Arthur.

—*It's yours* —me contestó él.

—*It's yours* —repetí, dándole el dibujo a Curtis.

Un milagro en Tent City

Nosotros la llamábamos *Tent City*. Todos la llamaban así. Sin embargo, ni era ciudad ni era un pueblo. Era un campamento de trabajo que pertenecía a las granjas freseras Sheehey.

Tent City no tenía dirección. Se encontraba en Main Street, más o menos a diez millas al este del centro de Santa María, California. Cerca de media milla hacia el este, se encontraban cientos de acres de fresa, pertenecientes a aparceros japoneses y cosechados por la gente del campamento. Detrás de *Tent City* había una zona desértica y, a una milla hacia el norte, el basurero municipal. La mayoría de los residentes del campamento eran hombres solteros, muchos de los cuales, como nosotros, habían cruzado la frontera ilegalmente. También había algunas mujeres solteras y algunas familias, todos mexicanos.

Mamá ya estaba encinta cuando nos mudamos de Corcoran a *Tent City*, a finales de enero, después de que la cosecha del algodón había terminado. Para mayo, cuando la cosecha de la fresa comenzó, le quedaban pocas semanas para dar a luz. Por lo tanto, no podía agacharse, y cosechar de rodillas era muy pesado para ella; así que no acompañó a Papá a pizcar fresas para Ito, el aparcero japonés.

Para que alcanzara el dinero, Mamá cocinaba para veinte trabajadores que vivían en el campamento. Ella les preparaba sus almuerzos y les tenía la cena lista para cuando regresaban de cosechar fresa al fin del día. Tenía que levantarse a las cuatro de la mañana, los siete días de la semana, para hacer las tortillas de ambas comidas. Los fines de semana y durante todo el verano, Roberto y yo le ayudábamos. Después de que Papá salía al trabajo, Roberto le ayudaba a hacer los tacos que yo envolvía en papel encerado y ponía en bolsas de papel. A las once y media, Roberto llevaba caminando los veinte almuerzos en una caja y se los entregaba a los trabajadores, a quienes los aparceros les daban media hora para almorzar. Cuando Roberto regresaba, él y yo lavábamos los platos en una tina grande de aluminio y cuidábamos a Trampita, nuestro hermano menor, mientras Mamá tomaba una siesta. Cerca de las tres, ella comenzaba a hacer la cena, que se servía entre las seis y las siete. Después de la cena, Roberto y yo otra vez lavábamos las ollas y los platos mientras Mamá le daba de comer a Trampita. Los sábados Mamá hacía las compras de provisiones para toda la semana. Ya que no teníamos refrigerador, Papá iba cada tercer día al pueblo a comprar un bloque grande de hielo que envolvía en una arpillera y lo colocaba en un hoyo que había cavado en el suelo a la entrada de nuestra carpa. El agujero era el doble de tamaño del bloque de hielo, dejando espacio en los cuatro costados y en la parte superior para que las cosas se mantuvieran refrigeradas.

A pesar de que Mamá siempre estaba cansada de todo el trabajo que hacía, se aseguraba de que todo estuviera listo para el nuevo bebé. Le pidió a Papá que sellara la base de la carpa, amontonando tierra alrededor, hasta alcanzar una altura de seis pulgadas, a fin de evitar que alimañas, como las serpientes, se metieran durante la noche. Cuando Papá terminó esto, Mamá le rogó que entablara el suelo de la carpa. Papá accedió y todas las tardes al empezar a obscurecer, después de llegar a casa del trabajo, nos enviaba a Roberto y a mí al basurero municipal a buscar madera de desecho para el piso.

Nuestros viajes al basurero siempre eran una aventura. Esperábamos hasta el crepúsculo, después de que el encargado del basurero se fuera, para entrar y llevarnos la madera de desperdicio y otros tesoros que no podíamos comprar por no tener dinero. Cuando el encargado se iba a casa todas las tardes, dejaba bajo llave, en una improvisada caseta, los artículos de mayor valor como ropa usada, repuestos automotrices y lámparas con pantallas rotas. Las piezas más grandes—colchones, muelles de resortes y muebles rotos—él las dejaba recargadas en la pared del almacén. Además de recoger madera, yo también coleccionaba libros que esperaba leer una vez que aprendiera a hacerlo; mis favoritos eran los que tenían figuras.

Un día, ya entrada la noche, cuando creíamos que el encargado se había ido, Roberto y yo entramos al basurero. El encargado, que estaba escondido detrás de un montón de basura, nos correteó gritando y maldiciendo en un español mocho. Nos asustó muchísimo y regresamos a casa con las manos vacías. Pero, aún así, volvimos muchas veces más hasta completar la madera suficiente para el piso. También nos llevamos pedazos de linóleo de diversas formas y colores para cubrir los agujeros y las astillas. El piso parecía una colcha de muchos colores.

En uno de nuestros viajes, encontramos una caja grande de madera que convertimos en cuna para el nuevo bebé. Mamá cortó en dos una cobija militar de color verde y forró la caja. Hizo una almohada con el relleno de un colchón viejo y con manta de una bolsa de harina.

Mamá se aseguraba que la puerta de entrada estuviera siempre cerrada para que no entrara el hedor o el humo del basurero del campamento que estaba enfrente de nuestra carpa, como a veinte yardas de distancia. Era un hoyo rectangular cavado en la tierra, de seis pies de largo por cuatro de ancho y tres de hondo. Cuando hacía viento, el mal olor del basurero municipal competía con el de nuestro propio basurero de *Tent City*. Los hijos más grandes de los vecinos mataban víboras y las arrojaban ahí cuando había basura quemándose para verlas retorcerse y chirriar bajo el calor. Yo no podía entender por qué ellas se torcían y se enroscaban en el fuego después de muertas. Era como si el fuego tuviera el poder de revivirlas. Una vez Trampita se cayó en el hoyo del basurero. Roberto lo sacó. Afortunadamente, el hoyo no tenía basura quemándose. A partir de ese día, Papá no nos dejó jugar cerca de ahí.

Cuando el bebé al fin nació, Roberto, Trampita y yo estábamos bien emocionados de verlo, especialmente porque todos habíamos trabajado tan duro para que todo estuviera listo para él. Papá y Mamá lo nombraron Juan Manuel, pero todos lo llamábamos «Torito» porque había pesado diez libras al nacer. Tenía la cara redonda, regordeta y el cabello rizado de color café. Creo que el apodo de Torito le quedaba muy bien porque tenía mucha fuerza en las manos. Cuando yo ponía dos de mis dedos en su manita, él los apretaba; y si yo quería retirarlos, él no los soltaba y tiraba patadi-tas para adquirir mayor fuerza. Cuando Mamá le daba el pecho, Torito cerraba los ojos y jugaba con el cabello de ella. Cuando yo le cambiaba el pañal, lo hacía reír haciéndole cosquillitas en la pancita.

Me gustaba jugar con Torito porque siempre estaba contento y porque me hacía olvidar las calificaciones que había sacado en junio, pocos días antes de que él naciera. La señorita Scalapino, mi maestra de primer grado, dijo que yo tenía que repetir el año porque sabía muy poco inglés.

Cerca de dos meses después de nacido, Torito se enfermó. Yo sentía que era algo grave porque él lloró durante casi toda la noche. A la mañana siguiente cuando le hice cosquillitas ni siquiera sonrió. Estaba pálido. Mamá, que tampoco había dormido bien la noche anterior, le tocó la frente y dijo un poco afligida:

—Creo que Torito tiene calentura; cuídalo mientras Roberto y yo preparamos los almuerzos.

Toqué mi frente y luego la de Torito para ver si sen-tía la diferencia. La suya estaba más caliente. Entonces le cambié el pañal sucio. Olía muy feo. Esa tarde, Mamá tuvo que cambiarlo muy seguido. Sus nalguitas estaban tan rojas como el cuello requemado de Papá. Para la tarde del día siguiente, la tina de aluminio estaba casi llena de pañales sucios. Para enjuagarlos tuve que ir con un balde a la llave que se encontraba a unos pasos de nuestra carpa, en medio del campamento. Afortunadamente, no tuve que hacer fila por mucho tiempo, sólo una señora con dos baldes estaba delante de mí. Tan pronto terminó la señora, llené mi balde y lo llevé de regreso a nuestra carpa. Vacié el agua en la tina de los pañales y comencé a enjuagarlos con mi mano derecha mientras me tapaba la nariz con la izquierda. Mamá calentó entonces agua en una olla, la vació en otra tina, lavó los pañales en la tabla de lavar y luego los puso a secar afuera en el tendedero que Papá le había hecho.

Varias veces al día, Mamá bañaba con agua fría a Torito, tratando de bajarle la temperatura, pero sin lograrlo. En las noches rezábamos por él, frente a una imagen desteñida de la Virgen de Guadalupe, que estaba amarrada con una cuerda a la pared de lona, encima de nuestro colchón.

Una noche, cuando estábamos rezando, Torito se puso peor. Sus piernas y brazos se pusieron rígidos y sus ojos en blanco. La saliva se le escurría por las comisuras de la boca. Sus labios se pusieron morados y dejó de respirar. Creyendo que estaba muerto, comencé a llorar histéricamente. Roberto y Mamá lloraban también. Trampita se asustó y comenzó a gimotear. Papá trató de abrir la boca de Torito pero no pudo; las mandíbulas las tenía trabadas. Mamá lo sacó de la caja y lo apretó fuertemente contra su pecho. —Por favor, Señor, no te lo lleves —repetía Mamá una y otra vez. Entonces Torito comenzó a respirar. Sus brazos y piernas se relajaron y el café de sus ojos volvió otra vez. Todos suspiramos de alivio, limpiando nuestras lágrimas con el dorso de nuestras manos y llorando y riendo a la vez.

Nadie durmió bien esa noche. Torito se despertó varias veces durante la noche. A la mañana siguiente, los ojos de Mamá estaban hinchados y rojos. Le llevó más tiempo que el de costumbre para hacer las tortillas y preparar los almuerzos. Cuando Papá se fue a trabajar, Roberto y yo lavamos los platos. Mamá no despegaba los ojos de Torito. Le daba agua o trataba de darle el pecho, pero no tenía mucha leche, así que le preparó su biberón. En la tarde Mamá apenas podía mantenerse despierta. Roberto y yo la convencimos de que se fuera a recostar mientras nosotros cuidábamos a Torito.

Le costó mucho trabajo dormirse a Mamá y cuando finalmente lo logró, Torito comenzó a llorar. Mamá saltó de la cama, lo levantó y se puso a mecerlo, tratando de calmarlo. Tan pronto se volvió a callar, ella nos pidió que limpiáramos los frijoles para la cena. —Es lo único que vamos a cenar —dijo disculpándose—, frijoles de la olla. Espero que a los abonados no les importe.

—No les importará —le respondí, colocando la olla de los frijoles en la estufa de keroseno.

Esa noche, después de cenar, Mamá acostó a Torito en el colchón para cambiarlo. Cuando le quitó el pañal sucio y vio sangre, le gritó a Papá: —¡Viejo, el niño está empeorando, mira, hay sangre en su caquita!

Papá corrió y se hincó en el colchón junto a Torito, quien comenzó a quejarse. Le tocó la frente y el vientre y dijo pensativamente: —Aún tiene calentura. Su pancita se siente dura y con retortijones. Quizá fue algo que comió. Si no se mejora pronto, lo tendremos que llevar al hospital.

—Pero no tenemos dinero —respondió Mamá, sollozando y mirando tristemente a Torito.

—Pediremos prestado o...algo —dijo Papá, poniendo su brazo alrededor de los hombros de Mamá.

Papá iba a continuar cuando doña María, nuestra vecina de al lado, lo interrumpió. —¿Se puede pasar? —preguntó, asomando la cabeza en la entrada de la carpa.

Doña María era conocida en *Tent City* como «La Curandera» porque tenía el don de curar a la gente, usando diversas hierbas y cánticos. Ella era delgada y alta y siempre vestía de negro, que hacía juego con el color de su cabello negro y lacio. Su piel era rosada y cacariza, y sus ojos profundos tenían un color verde claro. Atada a su cintura siempre llevaba una bolsa pequeña de terciopelo morado que tintineaba cuando ella caminaba.

—Adelante —le contestó Papá.

—He estado escuchando a su bebé. Ha llorado mucho —continuó doña María—. ¿Qué le pasa?

—No sabemos —contestó Mamá.

—¿No será el mal de ojo? —preguntó doña María, sosteniendo la bolsa de terciopelo en la palma de su mano izquierda—. Es un niño muy hermoso.

—¿El mal de ojo? No, yo creo que es su estómago; está tan duro como una piedra. Siéntalo —respondió Papá, acercando la lámpara de keroseno hacia Torito para que doña María lo pudiera ver mejor. Ella empezó a sobar suavemente el vientre de Torito con su huesuda mano derecha. Al momento de oprimirle el vientre, Torito se quejó y comenzó a llorar. Ella lo volteó y con la mano izquierda le jaló un pliegue de piel de la espalda y luego lo soltó. Después de hacerlo por tres veces, lo volteó y le pidió a Mamá que trajera tres huevos. Ella los rompió y luego los restregó suavemente sobre el vientre de Torito. —Los huevos le sacarán la enfermedad —le dijo muy segura de sí a Mamá. Torito dejó de llorar. Mamá se veía aliviada, pero yo no me quedé tranquilo. Había algo en la curandera que me ponía nervioso.

Más tarde, cuando doña María salió, en el momento que nos íbamos a acostar, Torito comenzó a quejarse. Luego de repente se detuvo. Había un silencio de muerte. Todos nos miramos unos a otros y corrimos a verlo. Torito estaba tieso como una tabla y había dejado de respirar. Sus ojos estaban en blanco. Mamá comenzó a llorar. Roberto, Trampita y yo también lloramos. «Quizá doña María lo empeoró», pensé. Papá levantó rápidamente a Torito, lo envolvió con una cobija y le gritó a Mamá: —¡Vieja, vámonos al hospital! Él y Mamá salieron corriendo y se fueron en la Carcachita. Roberto, Trampita y yo nos quedamos sollozando.

Creí que no volvería a ver a Torito otra vez. Asustado y confuso, salí de la carpa. La noche estaba obscura y silenciosa. Me fui detrás de la carpa, me arrodillé en el suelo pedregoso y recé por Torito por mucho tiempo hasta que mis padres regresaron.

Apenas oí la Carcachita, me levanté y corrí al frente de la carpa para ir al encuentro de Papá y Mamá.

Cuando los vi sin Torito me alarmé: —¿Está muerto? —pregunté gritando.

—No, Panchito —contestó Papá—. Cálmate, lo dejamos en el hospital.

—¿Se va a morir? —le pregunté tartamudeando.

—¡No! —respondió Mamá bruscamente—. Dios no lo va a permitir, ya verás —agregó en tono áspero—. Su cara estaba enrojecida y sus negros ojos llenos de lágrimas. Yo estaba sorprendido y desconcertado. No podía entender por qué estaba enojada conmigo.

Esa noche no pude dormir pensando en Torito. Ni tampoco pudieron hacerlo mis padres. Escuchaba a Mamá sollozar cada vez que me despertaba y veía a Papá fumar cigarro tras cigarro.

Al día siguiente en la madrugada, Mamá dijo que iba a llevar a Papá a trabajar. Me pareció muy extraño ya que Papá siempre se llevaba el carro para ir a pizcar fresas. Además, eran apenas las cinco y media de la mañana. Papá no tenía que empezar a trabajar sino hasta las siete y el trabajo le quedaba cerca. —Ahorita regreso. Roberto, tú y Panchito cuiden a Trampita —dijo Mamá.

Seguí a mis padres al carro y le pregunté a Mamá cuando ella estaba a punto de subirse: —¿Podemos ir a ver a Torito cuando regresen? Mamá cerró el coche sin contestarme y se fueron. Roberto y yo regresamos a la carpa sin decir palabra, pero él y yo sabíamos en qué pensaba el otro. Nos arrodillamos lado a lado en el colchón en frente de la Virgen de Guadalupe y rezamos en silencio.

Estaba preocupado y molesto cuando regresó Mamá. Eran cerca de las once. —¿Dónde estaba? —le pregunté enojado—. Quiero ir a ver a Torito.

—Sólo si Dios quiere —respondió con tristeza, abrazándonos a Roberto y a mí.

—¿Qué quiere decir? —le pregunté.

—Torito está muy malo —me dijo sollozando—. Tiene una enfermedad que puede ser contagiosa. Por eso no pueden verlo.

—Pero ¿qué no fue a verlo esta mañana? —le respondí, levantando la voz—. ¿No es por eso que se tardó tanto?

—Sí, mi'jo —me contestó—. Pero no dejan entrar a niños a verlo. Lo podrás ver cuando esté de regreso.

—¿Cuándo será eso? —Roberto y yo preguntamos al mismo tiempo.

—Muy pronto,... quizá —contestó vacilante.

Tenía el presentimiento de que ella no nos estaba diciendo todo lo que sabía.

Después de preparar la cena, Mamá fue a recoger a

Papá al trabajo. Cuando regresaron, Papá se veía preocupado y ansioso. Esperaba que nos dijeran algo de Torito pero no dijeron ni una sola palabra sobre él. Tan pronto como terminamos de cenar, mis papás se fueron al hospital. Después de ayudarle a lavar los trastes a Roberto, me fui detrás de nuestra carpa para rezar otra vez de rodillas. Pero sólo recé por un momento porque al escuchar los cánticos de doña María a un lado, volví a entrar de prisa.

Cuando mis padres regresaron del hospital, Mamá venía con los brazos vacíos. Roberto y yo nos miramos descorazonados. —Torito está un poco mejor —dijo Mamá con los ojos llorosos y fingiendo una sonrisa. Luego, echando un suspiro, continuó: —Tenemos que rezarle al Santo Niño de Atocha porque...

—¡Sí! —interrumpió Papá, tomando su cartera y sacando una estampita muy vieja y arrugada—. Su mamá y yo ya le hemos hecho una promesa al Santo Niño. Luego, sujetando la estampita en la palma de su mano derecha continuó diciendo: —Le rezaremos todos los días durante un año entero si Torito se alivia.

Papá tomó un alfiler de la cajita de metal en que Mamá guardaba sus cosas de coser y fijó la estampita en la pared de lona, arriba de nuestro colchón, junto a la Virgen de Guadalupe.

En la estampita estaba la imagen del niño Jesús de Atocha sentado en una silla alta. Él llevaba sandalias, un mantón azul, una capa corta color café y una caperuza que combinaba con la capa. En la mano derecha llevaba una canasta y en la mano izquierda sostenía un báculo pastoral.

Todos nos arrodillamos frente al Santo Niño para rezar. Mamá siempre le rezaba cuando uno de nosotros se enfermaba porque decía que el Santo Niño Jesús cuidaba a los pobres y a los enfermos y, en especial, a los niños. Lo avanzado de la noche y la repetición de los rezos hicieron que me durmiera.

Esa noche soñé con el Santo Niño de Atocha. Me encontraba afuera, detrás de la carpa, rezando arrodillado frente a la estampita sagrada del niño Jesús. De pronto, vi que el Santo Niño cobraba vida. Él se paró de su silla y flotó en el aire llevando la canasta. Se deslizó hasta donde yo estaba, colocó la canasta a mis pies y la señaló. De ella salieron cientos de pequeñitas mariposas blancas. Se juntaron y formaron un par de alas que me levantaron y me llevaron lejos sobre *Tent City* y me colocaron cerca de Torito que yacía en el verde lozano de un campo de alfalfa. En mi sueño me desperté y miré la estampita. Torito estaba en ella, sentado en la silla alta y vestido como el Santo Niño de Atocha.

A la mañana siguiente, cuando le conté mi sueño a Mamá, ella decidió hacerle a Torito un trajecito similar al del Santo Niño de Atocha que estaba en la estampita. En lugar de tomar su siesta después de hacer el almuerzo, se puso a coser el manto, usando una tela azul de uno de sus vestidos viejos. Terminó el trajecito esa misma tarde, poco antes de ir por Torito al hospital.

Esa noche cuando Mamá y Papá regresaron del hospital, Roberto, Trampita y yo estábamos todos emocionados. Torito vestía el mantón azul que Mamá le había hecho. Pero no se parecía al Santo Niño de Atocha de la estampita. Mas bien estaba pálido y muy delgado. Cuando le hice cosquillitas, se quejó.

—Mamá, ¿sigue malo Torito? —pregunté.

—Sí, mi'jo —respondió—, es por eso que tenemos que seguir rezando.

—Pero, ¿no lo curó el doctor? —insistí.

Mamá me dio la espalda sin responder. Miré a Papá que se paseaba de un lado para el otro retorciéndose las manos. Después de un prolongado silencio dijo:

—Recuerden que debemos cumplir con nuestra promesa de rezarle al Santo Niño todos los días durante todo un año.

Esa noche y todas las noches, durante un año entero, todos le rezamos al Santo Niño mientras íbamos de un punto a otro, siguiendo las cosechas. Durante todo ese tiempo, Mamá no le quitó a Torito su mantón azul más que cuando era necesario para lavarlo.

El 17 de agosto, fecha en que cumplíamos el año de la promesa hecha al Santo Niño, nos reunimos alrededor de Torito que estaba en el regazo de Mamá. Con sus mejillas rosadas y regordetas parecía un querubín. —Tengo algo que decirles —dijo Mamá con los ojos llorosos al momento que le quitaba el mantón a Torito—. Cuando llevamos a Torito al hospital, el doctor nos dijo que mi hijo moriría porque nos habíamos tardado en llevarlo allí, que sólo un milagro lo salvaría. Luego ganando fuerzas mientras hablaba continuó: —Yo no quería creerle, pero el doctor tenía razón. ¡Un milagro lo salvó!

El ángel de oro

Para Miguel Antonio

En Corcoran siempre llovía mucho durante la temporada del algodón, pero aquel año llovió más de lo habitual. Recién habíamos llegado de Fowler, donde habíamos pizcado uvas, cuando empezó a llover a cántaros. Nuestra cabaña era una de tantas chozas en las que vivían los trabajadores agrícolas. Las cabañas estaban alineadas en una fila detrás de un arroyuelo.

No había mucho que hacer cuando llovía. Nos quedábamos adentro jugando a las adivinanzas y contando historias de fantasmas que habíamos escuchado de otros trabajadores del campamento. Cuando me aburría de escuchar los mismos cuentos dichos muchas veces antes, observaba un pez dorado de nuestro vecino de al lado. Desde nuestra ventana podía ver a través de la ventana del vecino la pecera que estaba sobre una mesita. Pasaba horas y horas pegado a la ventana mirando al pez dorado deslizarse lentamente y agitar las plantas de color verde jade con sus delicadas aletas. A Mamá también le gustaba observarlo, le llamaba «El ángel de oro».

Papá se pasaba preocupado todo el tiempo y fumaba cigarro tras cigarro, quejándose de la lluvia porque no podíamos pizcar algodón cuando estaba mojado. «Si no deja de llover, tendremos que buscar trabajo en otro lugar», repetía, paseándose de un lado hacia otro de la choza. Incluso la idea de la lluvia le daba dolor de cabeza. Afortunadamente, yo tenía que ir a la escuela la semana siguiente.

El lunes por la mañana, después de recibir la bendición de Mamá, caminé a la escuela que estaba como a una milla del campamento de trabajo. Por el camino me encontré a Miguelito que vivía en el mismo campamento. Era dos años mayor que yo y había comenzado la escuela por primera vez ese año, en octubre, un mes antes que yo. Él me llevó a la oficina y me tradujo todas las preguntas que el director de la escuela me hizo. Antes de ir a la clase del tercer grado, Miguelito y yo nos pusimos de acuerdo para vernos a la salida en el patio e irnos juntos a casa.

Cuando salí al patio, Miguelito ya me estaba esperando. Caminamos al campamento de trabajo siguiendo el mismo camino que habíamos tomado esa mañana para ir a la escuela. El camino estaba lodoso y lleno de charcos, igual que en el patio de la escuela. Miguelito y yo nos imaginábamos que los charcos eran lagos y que nosotros éramos gigantes que pisaban sobre ellos. Contábamos en voz alta el número de lagos que pisábamos, tratando de ganarle al otro. Miguelito tenía piernas más largas que yo, pero yo le daba la batalla hasta que me resbalé y perdí el equilibrio. Mi pie derecho aterrizó en uno de los charcos, salpicando agua de lodo en mi overol limpio y sobre Miguelito. El cartón que servía de plantilla a mis zapatos se mojó y se despegó. Cuando me levanté, Miguelito y yo comenzamos a reír. Seguimos caminando, pero cada vez que nos mirábamos el uno al otro, nos poníamos a reír otra vez y así continuamos hasta llegar al campamento.

Cuando nos aproximábamos a nuestra cabaña, yo me di cuenta de que no había nadie en casa porque nuestra Carcachita no estaba estacionada afuera. —¿Quieres pasar? —le pregunté a Miguelito.

—Tengo que ir primero a mi casa —me contestó—. Te veo al rato.

—Estaré allá atrás, cerca del arroyo, en caso de que no me encuentres en casa cuando regreses —le dije—. No olvides que nuestra cabaña es la número diez —agregué.

—Yo vivo diez cabañas más allá, la número veinte —me contestó.

Entré a nuestra cabaña. Estaba fría y silenciosa. Me acerqué a la ventana para ver al pez dorado de nuestro vecino. Lo observaba nadar de un lado a otro y me pregunté: «¿Se sentirá triste de estar solo?». Salí y me fui detrás de nuestra cabaña, y me senté a la orilla del arroyo en una piedra. Escuchaba el murmullo del agua y veía a los pececillos grises jugar entre ellos mismos. La corriente corría suavemente, arrastrando a las plantas que crecían en el agua. Tomé unas piedritas y las lancé una por una, tratando de no pegarles a los peces.

—¿Qué haces? —me preguntó Miguelito, llegando de atrás y haciéndome saltar.

—Sólo observo a los peces mientras espero que lleguen mis padres —le contesté.

—¿Quieres atrapar?

—¿Atrapar qué? —le pregunté.

—¡Peces, tonto! —me respondió riéndose.

Antes de que pudiera contestarle brincó como un saltamontes y corrió hacia un pimentero que estaba cerca de allí, y le cortó dos ramas. —Éstas son nuestras cañas de pescar —me dijo entusiasmado, dándome una de ellas—. Mañana traeré otras cosas y las terminaremos de hacer.

Esa noche llovió a chorros otra vez y en la mañana la lluvia se convirtió en llovizna. Me puse mi cachucha y salí, esperando encontrar a Miguelito para irnos caminando a la escuela juntos. Pero Miguelito no se apareció ni tampoco lo vi en la escuela todo el día. Esa tarde, cuando regresé a casa de la escuela, fui a ver si me estaba esperando en el arroyo. Yo tenía muchas ganas de ir a pescar con él, pero tampoco estaba ahí. Entonces recordé que su cabaña era la número veinte. Me apresuré y toqué a la puerta. Nadie contestó. Me dirigí a la ventana del costado de la cabaña y me asomé a través de ella. La cabaña estaba totalmente vacía. El corazón se me fue al estómago. Lentamente caminé a casa recordando la risa de Miguelito cuando corríamos sobre los charcos. Cuando llegué a casa, me paré junto a nuestra ventana, mirando fijamente al pez dorado del vecino por muchísimo tiempo. Finalmente llegó mi familia que había andado todo ese día en el carro, buscando trabajo.

Esa noche llovió tanto que se desbordó el arroyo hacia las calles lodosas del campamento, haciendo que las cabañas parecieran flotar en un lago. Días después, cuando las nubes desaparecieron y el sol salió, el lago comenzó a fragmentarse en pequeños charcos esparcidos en todo el campamento.

Un día, cuando regresaba a casa de la escuela, descubrí unos pececitos grises en los charcos. No tenía idea de cómo habían llegado ahí, pero noté que los peces morían en los charcos más pequeños; el lodo los estaba sofocando. Cuando miraba a los peces muertos, la imagen del pez dorado llegó a mi mente. Rápidamente corrí a nuestra cabaña y agarré el bote vacío de café «Folgers». Lo llené de agua y comencé a recoger los peces moribundos de los charcos lodosos, poniéndolos en el bote para después vaciarlos en el arroyo. Después de dos horas estaba agotado. Había demasiados y yo no podía trabajar con suficiente rapidez para salvarlos. Recé para que la lluvia llegara pronto, pero el sol seguía calentando, convirtiendo los charcos en lodo.

Sintiéndome derrotado, puse el último pez en el bote y se lo llevé a nuestro vecino de al lado que tenía el pez dorado. Toqué y toqué a la puerta hasta que la mano me comenzó a doler. No había nadie en casa. Puse el bote en los escalones de la entrada y miré hacia el interior del bote; el pececito gris me miraba, abriendo y cerrando rápidamente su boquita.

Aquella tarde, como de costumbre, miré por nuestra ventana hacia la cabaña del vecino. El pez dorado nadaba plácidamente, al lado del pececito gris. Suspiré y me sonreí. A la mañana siguiente tomé la caña de pescar que me había dado Miguelito. La puse suavemente en el arroyo y la vi flotar y alejarse.

El aguinaldo

Unos pocos días antes de la Navidad, decidimos mudarnos del campo de trabajo algodonero en Corcoran e irnos a buscar trabajo en otra parte. Nosotros éramos una de las últimas familias en salir porque Papá se creyó obligado a quedarse hasta terminar de pizcar todo el algodón del dueño de la finca, aunque otros cultivadores tenían cosechas mejores. A Papá le pareció que era justo hacer eso; después de todo, el patrón nos permitió vivir gratis en una de sus cabañas todo el tiempo que estuvimos trabajando para él.

A mí no me molestó demasiado el hecho de tener que mudarnos por tercera vez ese año. Llovió tanto en ese tiempo que Papá, Mamá y Roberto, mi hermano mayor, pasaron días sin poder trabajar. A veces, por la tarde, íbamos al pueblo en nuestra Carcachita a buscar comida detrás de las tiendas de comestibles, donde tiraban a la basura frutas y legumbres que empezaban a echarse a perder. Mamá cortaba la parte mala de las legumbres y con la parte buena hacía caldo, cociéndolas con huesos que le compraba al carnicero. Ella le decía que los huesos eran para el perro, pero el carnicero parece que sabía que los huesos eran para nosotros y no para el perro porque dejaba más y más carne en los huesos cada vez que Mamá volvía a comprar.

Cuando estábamos empacando para salir, un matrimonio joven tocó a la puerta, y Papá los invitó a entrar. El marido, que parecía tener apenas poco más de veinte años de edad, iba vestido de camisa azul, desteñida y de pantalones de color caqui, remendados en las rodillas. Su mujer, como de su misma edad, llevaba un vestido de algodón color café, y un suéter de lana gris, roto en los codos y abotonado por delante. Quitándose el sombrero, el joven se excusó, diciendo: —Perdonen la molestia, pero ustedes saben, con toda esta lluvia, y mi mujer encinta...pues, pensamos...quizá ustedes pudieran ayudarnos un poquito. Buscó en la bolsa de papel que llevaba, y sacó una cartera pequeña. —¿Tal vez ustedes nos pudieran hacer el favor de darnos cincuenta centavos por esta carterita? Mire, es de pura piel —dijo, entregándosela a Papá.

Moviendo la cabeza, Papá le contestó: —Lo siento mucho. Ojalá pudiéramos, paisano, pero nosotros también estamos amolados.

Cuando le oí decir a Papá «pero nosotros también estamos amolados», yo me aterré. Mi esperanza de tener una pelotita mía en esa Navidad se desvaneció, pero solamente por un instante. «No, no puede ser como el año pasado», pensé.

La insistencia desesperada del joven interrumpió mis pensamientos.

—Por favor, ¿qué tal veinticinco centavos? Antes que Papá pudiera contestarle, el joven sacó rápidamente de la bolsa un pañuelo blanco bordado, y dijo: —Mire, le dejo este pañuelito por diez centavos. Por favor. Lo bordó mi mujer.

—Lo siento mucho —repitió Papá.

—Es hermoso —dijo Mamá, posando ligeramente la mano sobre el hombro de la mujer, y añadió, —que Dios los bendiga.

Entonces Papá salió con ellos a la puerta y los acompañó hasta la cabaña cercana, donde continuaron tratando de negociar sus pocas pertenencias.

Después de terminar de empacar y de cargar todo en la Carcachita, Papá cerró la puerta de la cabaña y salimos hacia el norte.

Cuando nos mudamos, apenas hacía tres semanas que yo me había matriculado en la escuela en cuarto grado por primera vez ese año. Al pasar frente a la escuela, que quedaba más o menos a una milla del campo de trabajo, vi a unos chiquillos conocidos que estaban jugando. Entonces me imaginé jugando con ellos con la pelotita que yo iba a tener en la Navidad. Les hice señas con la mano, pero no me vieron.

Después de detenernos en diferentes lugares para pedir trabajo, encontramos a un agricultor que todavía tenía unos pocos sembrados de algodón para pizcar. Nos ofreció trabajo y una carpa donde vivir. Era una de muchas carpas de color verde oscuro agrupadas en hileras que hacían aparecer el campo de trabajo como un campamento del ejército.

Descargamos la Carcachita. Pusimos algunos cartones sobre el suelo y tendimos sobre ellos nuestro amplio colchón. Todos nosotros —Papá, Mamá, Roberto, Trampita, Torito y Rubén, mi hermanito bebé, y yo—dormíamos en el colchón para defendernos del frío, especialmente durante las noches de helada cuando el viento azotaba las paredes de lona de nuestra nueva vivienda.

A medida que la Navidad se acercaba, yo me sentía ansioso y entusiasmado. Cuando por fin llegó el veinticuatro de diciembre, me pareció que el tiempo se detenía. «Sólo tengo que esperar un día más», pensaba.

Esa noche, después de la cena, todos nosotros nos sentamos en los lados del colchón y escuchamos a Mamá contarnos la historia del nacimiento del niño Jesús y de la llegada de los Tres Reyes Magos que le trajeron regalitos. Yo apenas escuchaba a medias. Quería que esa víspera pasara pronto y que llegara la mañana. Por fin el sueño venció a mis hermanitos y todos nos acostamos, amontonándonos y cubriéndonos con cobijas que habíamos comprado en una tienda de segunda. No podía dormir pensando en la Navidad. De vez en cuando, las palabras de Papá, «pero nosotros también estamos amolados», venían a mi mente, y cada vez que eso ocurría, yo las rechazaba soñando con mi propia pelotita.

Pensando que todos estábamos dormidos, Mamá se levantó silenciosamente y encendió la lámpara de petróleo. Yo me cubrí con la cobija, y por un agujerito en ella vigilaba a Mamá, tratando de ver los regalos que iba a envolver. Pero ella se sentó detrás de un cajón de madera que nos servía de mesa para comer, y me tapó la vista. Yo solamente podía ver su rostro arrugado y triste. La sombra proyectada por la luz débil hacía aparecer sus ojeras más marcadas y aún más oscuras. Cuando empezó a envolver los regalos, corrían por sus mejillas lágrimas silenciosas. Yo no sabía por qué.

Al amanecer, mis hermanitos y yo nos apuramos a levantarnos para tomar nuestros regalos que estaban cerca de los zapatos. Cogí el mío y rompí nerviosamente el papel que lo envolvía: un paquete de dulces. Roberto, Trampita y Torito tenían miradas tristes. Cada uno de ellos también había recibido un paquete de dulces. Buscando la manera de expresarle a Mamá lo que yo sentía, la miré. Sus ojos estaban llenos de lágrimas. Papá, que estaba sentado junto a ella en el colchón, levantó una de las esquinas y sacó de allí abajo el pañuelo blanco bordado. Cariñosamente se lo entregó a Mamá diciéndole: —Feliz Navidad, vieja.

Muerte perdonada

Mi mejor amigo, El Perico, tuvo un final trágico. Él era un lorito mexicano rojo, verde y amarillo que había sido metido de contrabando por don Pancho, un campesino indocumentado que era amigo de Papá.

Al principio cuando conseguimos a El Perico, se pasaba la mayor parte del tiempo en una jaula que Roberto le había hecho con alambre. Tan pronto empezó a tener confianza, se convirtió en un miembro más de la familia. Se paseaba por todas partes en el destartalado garaje donde vivíamos cuando cosechábamos en los viñedos del señor Jacobson. Cuando salía de la jaula, cerrábamos la puerta del garaje, que era la única parte por donde podía escapar.

Crecí, como el resto de mi familia, queriendo a El Perico. Yo pasaba horas y horas enseñándole a decir «periquito bonito». Su pasatiempo favorito era pasearse en un alambre extendido en el garaje que mi mamá usaba de tendedero.

Me subía a una caja vacía de uvas que colocaba abajo de El Perico y estiraba mi brazo, acercando el índice a sus patas para que se pudiera subir. Él caminaba despacio, de costado, moviendo la cabeza de un lado a otro y repitiendo «periquito bonito», «periquito bonito» al momento que se trepaba en mi dedo. Yo lo levantaba y lo ponía cerca de mi cara, tocando mi nariz con su pico. Él me observaba de costado y restregaba su pico con mi nariz hasta que lo besara en la cabeza.

El mutuo afecto que El Perico y yo nos teníamos sólo era comparable con la atracción que él tenía por Catarina, una gata con manchas negras que pertenecía a Chico y a su esposa Pilar, una joven pareja de mexicanos que, como el lorito, eran indocumentados. Vivían en uno de los establos próximos al garaje y junto con Catarina nos visitaban de vez en cuando por las tardes después del trabajo. El Perico y Catarina se aficionaron el uno al otro y poco a poco se convirtieron en tan buenos amigos que incluso comían las sobras del mismo plato—frijoles, arroz y papas. Cuando Chico y Pilar nos visitaban sin llevar a Catarina, El Perico se alteraba tanto que comenzaba a aletear y a lanzar un fuerte chillido que hacía vibrar el alambre. Esto irritaba mucho a Papá que no soportaba ningún ruido, especialmente en aquellos días en que llegaba cansado del trabajo, que era la mayor parte de las veces.

Una tarde, Chico y Pilar llegaron sin Catarina. El Perico de inmediato comenzó a emberrincharse tanto que empezó a chillar más fuerte que de costumbre. El ruido le pegó a Papá como si fuera un rayo. Había estado de un humor terrible los últimos días debido a que no estaba seguro dónde íbamos a conseguir trabajo después de la temporada de la uva que estaba por finalizar. Él se cubrió las orejas con las manos para evitar el agudo sonido, se dirigió como saeta al rincón del garaje, agarró la escoba y la blandió con todas sus fuerzas contra mi amigo que estaba en el alambre. Plumas rojas, verdes y amarillas se esparcieron por todas partes. El Perico cayó en el piso de tierra como si fuera un trapo mojado. En ese instante Roberto, Mamá y yo comenzamos a llorar histéricamente. Papá nos gritó a todos que nos calláramos. Viendo un hilito de sangre que salía del pico callado de El Perico, sentí como si alguien me hubiera arrancado el corazón. Abrí bruscamente la puerta y salí corriendo tan rápido como pude hacia un almacenaje que estaba a media milla. Los gritos, alaridos y el llanto que salían de mi casa me perseguían. Yo quería escapar, morir. Rendido, finalmente llegué al almacén. Entré casi a rastras y cerré la puerta. Estaba obscuro y silencioso. Me arrodillé y recé y recé por El Perico. La repetición de «Santa María, Madre de Dios, ruega Señora por nosotros los pecadores ahora y en la hora de nuestra muerte, amén», poco a poco me fue confortando y consolando el alma. Luego recé por Papá.

Al día siguiente después del trabajo, Roberto, Trampita y yo enterramos a El Perico en una caja de puros que encontramos en el bote de basura del señor Jacobson. Hicimos un hoyo de unas doce pulgadas en uno de los surcos del viñedo que estaba atrás del garaje, pusimos la caja en el hoyo y la cubrimos con tierra. Roberto hizo una pequeña cruz con dos palitos y la puso en el túmulo. Nos quedamos ahí en silencio por varios minutos y luego regresamos a casa.

Visité la tumba diariamente durante dos semanas hasta que nos mudamos a Corcoran para encontrar trabajo pizcando algodón.

El costal de algodón

A finales de octubre, después que terminó la temporada de la uva, dejamos los viñedos del señor Jacobson en Fresno y nos dirigimos a Corcoran a pizcar algodón. Viajando por la carretera de doble vía, pasamos viñedo tras viñedo. Las parras, despojadas de sus uvas, ahora se cubrían con hojas amarillas, anaranjadas y cafés. Después de dos horas, los viñedos dieron paso a los campos de algodón. A ambos lados de la carretera nos encontramos rodeados de millas y millas de plantas de algodón. Sabía entonces que nos acercábamos a Corcoran.

Después de detenernos en tres diferentes campamentos, encontramos uno que nos dio trabajo y una cabaña de un solo cuarto para vivir. Era una de tantas viviendas para trabajadores agrícolas alineadas en una sola hilera.

Esa noche después de cenar, Papá desdobló los costales para la pizca del algodón y los extendió en el centro del cuarto para prepararlos. Me sorprendió cuando vi sólo tres. Sabía que el costal que medía doce pies de largo era el de Papá y de los que medían diez pies de largo uno pertenecía a Mamá y el otro era de Roberto.

—¿Y el mío? —pregunté.

—Estás muy pequeño para tener uno tuyo —me contestó Papá.

—Pero si el año pasado pizqué sin costal —le respondí, tratando de contener las lágrimas.

Papá movió la cabeza sin decir palabra. Yo sabía por su silencio que era mejor no insistir más.

Papá me pidió que le estirara su costal para reforzar el fondo con un pedazo extra de lona. Al terminar la última puntada lo probó. Ató el costal a su cintura, dejando la boca del frente entre sus muslos. Arrastrando el costal, se agachó moviendo las manos de arriba hacia abajo y alrededor de plantas imaginarias, simulando que pizcaba algodón. Parecía un canguro.

Cuando terminó de coser el costal de Mamá, ella lo probó al igual que Papá. Al momento que vio los diez pies de lona blanca extenderse por el piso detrás de ella, estalló en una carcajada.

—¿Cuál es el chiste? —interrogó Papá.

—Éste es el vestido de bodas más bonito que jamás haya visto —contestó mi mamá, sujetándose el vientre para aliviar el dolor de tanto reírse. Riéndonos, Roberto y yo miramos a Papá, a quien no le cayó en gracia.

Como de costumbre, cuando era la hora de acostarnos, Papá dobló su costal a manera de almohada y lo puso en un extremo del colchón frente a la pared donde se encontraba colgada una imagen desteñida de la Virgen de Guadalupe. Luego se sirvió un vaso de agua de galón, que siempre ponía en el piso junto a sus aspirinas, sus cigarros «Camel» y un bote vacío grande de café «Folgers» que todos usábamos por la noche cuando hacía demasiado frío para ir al excusado de afuera. Roberto, Trampita, Torito y yo nos arrodillamos frente a la Virgen de Guadalupe y rezamos en silencio. Mamá envolvió a Rorra, mi hermanita recién nacida, en una cobijita. Luego la acostó en una caja de madera al lado del colchón y la besó. Mis papás se acostaron en un extremo del colchón. Roberto, Trampita, Torito, Rubén y yo gateamos hacia el otro extremo y nos acurrucamos unos con otros a fin de mantenernos calientitos.

Mis papás tenían la ventaja de que nuestras piernas no alcanzaban el otro extremo del colchón, que era la cabecera de la cama para ellos. Sin embargo, sus piernas sí llegaban a nuestro extremo y a veces al despertarme tenía frente a la cara los pies de Papá y de Mamá.

El golpeteo de la lluvia contra el techo me despertó varias veces durante la noche. Cada vez que abría los ojos, veía la punta encendida del cigarro de Papá que brillaba en lo oscuro. Otras veces escuchaba el tintineo de su botellita de aspirinas. La lluvia no me disgustaba porque sabía que a la mañana siguiente podría quedarme dormido. El algodón estaba mojado, y como nos pagaban a tres centavos la libra, la mayoría de los dueños no nos dejaban pizcar el algodón cuando estaba mojado porque pesaba más.

Me desperté tarde. Para entonces ya había dejado de llover y todos, excepto Rorra, estaban levantados. Papá, con los ojos enrojecidos e hinchados, maldecía a la lluvia. Él y Roberto envolvieron la botella de galón con una arpillera que cosieron muy ajustadamente para evitar que se rompiera. Trampita y yo nos sentamos en un cajón y miramos cómo Mamá hacía las tortillas de harina.

Para hacerlas usaba un tubo de hierro con el que extendía la masa sobre nuestra mesa, una tabla plana que estaba colocada sobre cajas de madera. Al mismo tiempo que presionaba y extendía la masa, Mamá procuraba que quedara perfectamente redonda y delgadita. Luego las cocía poniéndolas en un comal sobre una de las parrillas de la estufa de keroseno, mientras en el otro ponía una olla de frijoles.

Después de haber desayunado las tortillas y los frijoles recién hechos, yo le ayudaba a Roberto a lavar los platos en una tina de aluminio que Mamá también usaba para bañar a mis hermanitos y para lavar la ropa. Mientras Mamá remendaba la camisa de Papá, él fue en nuestra Carcachita a la gasolinera más cercana para llenar la botella de galón de agua para beber y para conseguir más keroseno para la estufa. Cuando regresó, se fumó otro cigarro, tomó dos aspirinas y se fue a acostar. Trampita y yo nos sentamos en el colchón a jugar a las adivinanzas y a escuchar a Roberto contar cuentos de espantos. Mamá nos pidió estarnos quietos porque Papá no se sentía bien y nos recordó que a él no le gustaba el ruido.

En los días que siguieron, llovió con frecuencia. Para el viernes, cuando el sol finalmente salió, la botellita de aspirinas de Papá estaba vacía y muchas colillas de cigarro cubrían el piso del lado de la cama en donde él se acostaba.

Como reloj despertador, el sonido del claxon me despertó la mañana del sábado. Era el contratista que manejaba, por todo el campamento, en su destartalada camioneta Ford roja, tocando el claxon para avisarnos que el algodón estaba seco y listo para pizcar. Pegado al claxon y tratando de evitar los baches llenos de agua, el contratista conducía, a paso de tortuga, de arriba para abajo por los senderos lodosos, entre hileras e hileras de cabañas. Después de terminar la primera ronda, que le llevaba como veinte minutos, iniciaba una segunda por si acaso algunos se habían vuelto a dormir o no lo hubieran escuchado la primera vez.

Los días que no iba a la escuela, el ruido del claxon era como el sonido de la campana escolar al final del último día de clases antes del verano. El sonido me entristecía porque significaba que tenía que ir a trabajar. Pero para Papá, que normalmente le molestaba cualquier tipo de ruido, este fuerte sonido era como un tónico; lo ponía de buen humor.

A la hora que el contratista había terminado con la segunda vuelta, Mamá ya había hecho el almuerzo y Papá calentaba la Carcachita. Cargamos los costales, nos subimos, y alineamos a la Carcachita detrás de la camioneta roja del contratista, esperando que nos guiara hacia el campo de algodón que íbamos a pizcar. Cargada de trabajadores que no tenían carros propios, la camioneta avanzó lentamente, seguida por la caravana de camionetas y carros viejos.

Después de manejar por cinco millas, el contratista se orilló e hizo señas para que los demás se estacionaran detrás de él. Salió y señaló el campo de algodón. Éste se expandía desde el recodo de la carretera hasta donde la pupila pudiera alcanzar a ver. Papá, Mamá, Roberto y yo salimos del carro. Trampita se quedó a cuidar a Torito, Rubén y Rorra. Seguimos a Papá, que se encaminó hacia las plantas de algodón para mirarlas de cerca. Los otros pizcadores hicieron lo mismo. Papá dijo que era una buena cosecha.

Las plantas tenían unos tres pies de altura y, parcialmente escondidas entre sus hojas cafés, había muchas borras de algodón. Unas cuantas plantas más pequeñas tenían flores rojas y amarillas y capullos verdes que parecían pequeños aguacates. Papá nos explicó que las flores se cerraban y formaban un capullo verde y duro que después se abrirían para convertirse en borras de algodón. —Pero recuerden —dijo seriamente— las borras de algodón son como las rosas; bonitas, pero pueden lastimar.

—Sí, lo sé. Las cáscaras son como las uñas de gato —contesté, recordando los arañazos que me había hecho en las manos y muñecas el año anterior.

Después de cerciorarse de que el algodón estaba completamente seco, el contratista nos dijo que podíamos empezar a trabajar. Todos los pizcadores, menos yo, tenían sus propios costales y surcos para cosechar. Yo me adelantaba unos metros a Mamá, pizcaba algodón de su surco, y lo apilaba en el suelo. Cuando ella llegaba a la pila, la recogía y la metía en su costal. Luego me pasaba al surco de Papá y hacía lo mismo para que él y Mamá fueran parejos en sus surcos. Roberto no necesitaba de mi ayuda, pues era un pizcador más rápido que mis papás. Roberto le ayudaba a Mamá a hacer más espacio en su costal levantándolo y sacudiéndolo varias veces de arriba hacia abajo para compactar el algodón hacia el fondo.

Después de pizcar por cerca de dos largas horas, el costal de Mamá se puso muy pesado para arrastrarlo detrás de ella. Roberto se preparó para llevarlo al sitio donde pesaban el algodón. Este sitio de pesar quedaba lejos, al final del campo. Con mi ayuda, Roberto cargó el costal de Mamá sobre su hombro izquierdo y lo sostuvo con la mano derecha. Yo caminé detrás de él, levantando levemente la parte trasera del costal para aliviar el peso. Cuando lo llevábamos hacia el sitio de pesar, la parte delantera rozaba los lados del surco. Roberto se detuvo unas cuantas veces para descansar y limpiarse el sudor de la frente con un pañuelo rojo y azul que tenía atado al cuello. Al aproximarnos al sitio de pesar, el contratista que estaba a cargo le dijo a mi hermano: —De verdad que eres muy fuerte para ser tan chico. ¿Cuántos años tienes?

—Catorce, casi quince —le contestó Roberto orgullosamente y sin aliento.

—¡Caramba! —replicó el contratista ajustando la báscula que colgaba de un trípode que estaba como a tres pies enfrente al *trailer* del algodón. Después de pesar el costal de Mamá, el contratista anotó en su libreta noventa libras al lado de nuestro apellido, cuya forma de deletrear le preguntó a Roberto. Burlonamente me preguntó: —¿Dónde está tu costal, mocoso? Fingí no escucharlo y rápidamente me encaminé al costado del *trailer*, que era del tamaño de nuestra cabaña. El armazón del *trailer* estaba forrado de malla de alambre y no tenía techo. Parecía una gigantesca jaula de pájaros. Mientras Roberto subía llevando el costal, yo le sostuve con firmeza la escalera. Cuando él llegó al final, caminó en medio de una tabla atravesada y vació el costal de algodón. Papá cargó su costal hasta el sitio de pesar, pero Roberto lo vació porque Papá tenía la espalda lastimada.

Al final del día, el contratista verificó su libreta y le dio a Papá dieciocho dólares. —No está mal, seiscientas libras —Papá dijo sonriéndose—. «Hubiéramos ganado más si yo tuviera mi propio costal», pensé.

A mediados de noviembre los campos de algodón en los que trabajábamos ya se habían pizcado. El contratista le informó a Papá que nos podíamos quedar en la cabaña—que también pertenecía a la compañía, dueña de los campos algodoneros—hasta el final de la segunda pizca o «la bola», como se le conocía. La pizca de la bola era bien sucia. Consistía en cosechar todo lo que se había quedado en las plantas después de la primera pizca, incluyendo capullos de algodón, la cáscara y las hojas. El pago era de un centavo y medio la libra. El contratista le dijo a Papá que podíamos pizcar algodón para otros dueños hasta que la bola comenzara, que era entre dos y tres semanas.

En los días que siguieron, cuando no llovía, Papá, Mamá y Roberto salían temprano por la mañana para buscar trabajo. Se llevaban a Torito, Rubén y Rorra. Trampita y yo íbamos a la escuela y nos reuníamos con ellos los fines de semana y días de fiesta.

La madrugada del Día de Gracias, Papá, Roberto y yo viajamos en nuestra Carcachita por horas buscando trabajo en campos de algodón. Ese fin de semana de cuatro días, yo estaba resuelto a demostrarle a Papá que yo debería tener mi propio costal.

En ambos lados de la carretera pasamos interminables campos de algodón cuyas plantas habían sido cosechadas. De sus ramas secas colgaban fibras de algodón dejadas en la primera pizca. Estaban congeladas por el frío. A lo lejos, frente a nosotros, Papá notó una mancha blanca y una nube de espeso humo negro. —¡Allá! —dijo animadamente, señalando con su dedo. Pisó el acelerador. Cuando llegamos al campo de algodón,

Papá estacionó nuestra Carcachita a un lado de la carretera, cerca del *trailer* que llevaba el algodón. Cerca de
allí había un grupo de hombres y mujeres que trataban
de calentarse alrededor de una llanta ardiendo.

Papá le preguntó al encargado mexicano si había trabajo. Él le dijo a Papá que podíamos empezar cuando
quisiéramos, pero nos sugirió que nos esperáramos
hasta que el clima se calentara un poco más. Nos invitó
a juntarnos con los otros alrededor del fuego, pero Papá
no quería perder tiempo y nos dijo a Roberto y a mí
que si queríamos nos podíamos esperar pero que él se
iba a pizcar. Viendo la oportunidad de demostrarle a
Papá que yo ya estaba lo suficientemente grande para
tener mi propio costal de algodón, lo seguí a él y a
Roberto al campo. Cada uno de ellos escogió su surco.
Yo me adelanté como a la mitad del surco de Papá.
Saqué las manos de los bolsillos y comencé a pizcar y
apilar el algodón en el suelo. En cuestión de segundos,
los dedos de los pies se me entumecieron y difícilmente
podía mover los dedos de las manos que se comenzaron
a poner rojas y moradas. Yo las soplaba para calentarlas.
Entonces sentí una urgencia de orinar. Me volteé para
estar seguro de que nadie me viera. Los trabajadores
estaban ocupados calentándose y demasiado lejos para
verme, así que puse la mano izquierda en forma de

cuchara y recibí el chorro caliente de líquido amarillento que me froté en ambas manos. Al instante, sentí
ardor cuando la sal penetró en los rasguños de las
manos. Y en cuanto el líquido se enfrió, sentí las manos
como hielo. No podía seguir. Frustrado y desmora-
lizado, caminé hacia donde estaba Papá. Él se enderezó
y me miró. Sus ojos estaban rojos y humedecidos por
el frío. Antes de que dijera algo, él miró a Roberto, que
valientemente seguía pizcando, y me dijo que fuera a
donde estaba el fuego. Entonces comprendí que aún no
merecía tener mi propio costal de algodón.

Cajas de cartón

Era a fines de agosto. Ito, el aparcero, ya no sonreía. Era natural. La cosecha de fresas terminaba, y los trabajadores, casi todos braceros[1], no recogían tantas cajas de fresas como en los meses de junio y julio.

Cada día el número de braceros disminuía. El domingo sólo uno—el mejor pizcador—vino a trabajar. A mí me caía bien. A veces hablábamos durante nuestra media hora de almuerzo. Así fue como supe que era de Jalisco, de mi tierra natal. Ese domingo fue la última vez que lo vi.

Cuando el sol se escondía detrás de las montañas, Ito nos señaló que era hora de ir a casa. —Ya hes horra —gritó en su español mocho. Ésas eran las palabras que yo ansiosamente esperaba doce horas al día, todos los días, siete días a la semana, semana tras semana, y el pensar que no las volvería a oír me entristeció.

---

[1] Los braceros eran trabajadores mexicanos que entraban a los Estados Unidos de Norteamérica legalmente para determinadas labores (bajo el acuerdo entre los EE. UU. y México titulado *Bracero Program* [1942–1964]), y regresaban a su país al terminar la labor.

Por el camino rumbo a casa, Papá no dijo una palabra. Con las dos manos en el volante miraba fijamente hacia el camino. Roberto, mi hermano mayor, también estaba callado. Echó para atrás la cabeza y cerró los ojos. El polvo que entraba de fuera lo hacía toser repetidamente.

Era a fines de agosto. Al abrir la puerta de nuestra chocita me detuve. Vi que todo lo que nos pertenecía estaba empacado en cajas de cartón. De repente sentí aún más el peso de las horas, los días, las semanas, los meses de trabajo. Me senté sobre una caja, y se me llenaron los ojos de lágrimas al pensar que teníamos que mudarnos a Fresno.

Esa noche no pude dormir, y un poco antes de las cinco de la madrugada Papá, que a la cuenta tampoco había pegado los ojos en toda la noche, nos levantó. A los pocos minutos los gritos alegres de mis hermanitos, para quienes la mudanza era una aventura, rompieron el silencio del amanecer. Los ladridos de los perros pronto los acompañaron.

Mientras empacábamos los trastes del desayuno, Papá salió para encender la Carcachita. Ése era el nombre que Papá le puso a su viejo Plymouth negro. Lo compró en una agencia de carros usados en Santa Rosa. Papá estaba muy orgulloso de su carro. «Mi Carcachita», lo llamaba cariñosamente. Tenía derecho a sentirse así. Antes de comprarlo, pasó mucho tiempo mirando otros carros. Cuando al fin escogió la Carcachita, la examinó palmo a palmo. Escuchó el motor, inclinando la cabeza de lado a lado como un perico, tratando de detectar cualquier ruido que pudiera indicar problemas mecánicos. Después de satisfacerse con la apariencia y los sonidos del carro, Papá insistió en saber quién había sido el dueño. Nunca lo supo, pero compró el carro de todas maneras. Papá pensó que el dueño debió haber sido alguien importante porque en el asiento de atrás encontró una corbata azul.

Papá estacionó el carro enfrente de la choza y dejó andando el motor. —¡Listo! —gritó. Sin decir palabra, Roberto y yo comenzamos a acarrear las cajas de cartón al carro. Roberto cargó las dos más grandes y yo las más chicas. Papá luego cargó el colchón ancho sobre la capota del carro y lo amarró a los parachoques con sogas para que no se volara con el viento en el camino.

Todo estaba empacado menos la olla de Mamá. Era una olla vieja y galvanizada que había comprado en una tienda de segunda en Santa María. La olla estaba llena de abolladuras y mellas, y mientras más abollada estaba, más le gustaba a Mamá. «Mi olla», la llamaba orgullosamente.

Sujeté abierta la puerta de la chocita mientras Mamá sacó cuidadosamente su olla, agarrándola por las dos asas para no derramar los frijoles cocidos. Cuando llegó al carro, Papá tendió las manos para ayudarle con ella. Roberto abrió la puerta posterior del carro y Papá puso la olla con mucho cuidado en el piso detrás del asiento. Todos subimos a la Carcachita. Papá suspiró, se limpió el sudor de la frente con las mangas de la camisa, y dijo con cansancio: —Es todo.

Mientras nos alejábamos, se me hizo un nudo en la garganta. Me volví y miré nuestra chocita por última vez.

Al ponerse el sol llegamos a un campo de trabajo cerca de Fresno. Ya que Papá no hablaba inglés, Mamá le preguntó al capataz si necesitaba más trabajadores. —No necesitamos a nadie —dijo él rascándose la cabeza—. Pregúntele a Sullivan. Mire, siga este camino hasta que llegue a una casa grande y blanca con una cerca alrededor. Allí vive él.

Cuando llegamos allí, Mamá se dirigió a la casa. Cruzó la cerca, pasando entre filas de rosales hasta llegar a la puerta. Tocó el timbre. Las luces del portal se encendieron y un hombre alto y fornido salió. Hablaron brevemente. Cuando él entró en la casa, Mamá se apresuró hacia el carro. —¡Tenemos trabajo!

El señor nos permitió quedarnos allí toda la temporada
—dijo un poco sofocada de gusto y apuntando hacia
un garaje viejo que estaba cerca de los establos.

El garaje estaba gastado por los años. Roídas por
comejenes, las paredes apenas sostenían el techo agu-
jereado. No tenía ventanas y el piso de tierra suelta en-
sabanaba todo de polvo.

Esa noche, a la luz de una lámpara de petróleo,
desempacamos las cosas y empezamos a preparar la
habitación para vivir. Roberto enérgicamente se puso a
barrer el suelo; Papá llenó los agujeros de las paredes
con periódicos viejos y hojas de lata. Mamá les dio de
comer a mis hermanitos. Papá y Roberto entonces trajeron el colchón, y lo pusieron en una de las esquinas
del garaje. —Viejita —dijo Papá, dirigiéndose a
Mamá— tú y los niños duerman en el colchón.
Roberto, Panchito y yo dormiremos bajo los árboles.

Muy tempranito por la mañana al día siguiente, el
señor Sullivan nos enseñó donde estaba su cosecha y,
después del desayuno, Papá, Roberto y yo nos fuimos a
la viña a pizcar.

A eso de las nueve, la temperatura había subido hasta
cerca de cien grados. Yo estaba empapado de sudor y mi
boca estaba tan seca que parecía como si hubiera estado

masticando un pañuelo. Fui al final del surco, cogí la jarra de agua que habíamos llevado y comencé a beber.

—¡No tomes mucho; te vas a enfermar! —me gritó Roberto. No había acabado de advertirme cuando sentí un gran dolor de estómago. Me caí de rodillas y la jarra se me deslizó de las manos. Solamente podía oír el zumbido de los insectos. Poco a poco me empecé a recuperar. Me eché agua en la cara y en el cuello y miré el lodo negro correr por los brazos y caer a la tierra que parecía hervir.

Todavía me sentía mareado a la hora del almuerzo. Eran las dos de la tarde y nos sentamos bajo un árbol grande de nueces que estaba al lado del camino. Papá apuntó el número de cajas que habíamos pizcado. Roberto trazaba diseños en la tierra con un palito. De pronto vi palidecer a Papá que miraba hacia el camino.

—Allá viene el camión de la escuela —susurró alarmado. Instintivamente, Roberto y yo corrimos a escondernos entre las viñas. El camión amarillo se paró frente a la casa del señor Sullivan. Dos niños muy limpiecitos y bien vestidos se apearon. Llevaban libros bajo sus brazos. Cruzaron la calle y el camión se alejó. Roberto y yo salimos de nuestro escondite y regresamos adonde estaba Papá. —Tienen que tener cuidado —nos advirtió.

Después del almuerzo volvimos a trabajar. El calor oliente y pesado, el zumbido de los insectos, el sudor y el polvo hicieron que la tarde pareciera una eternidad. Al fin las montañas que rodeaban el valle se tragaron el sol. Una hora después estaba demasiado obscuro para seguir trabajando. Las parras tapaban las uvas y era muy difícil ver los racimos. —Vámonos —dijo Papá, señalándonos que era hora de irnos. Entonces tomó un lápiz y comenzó a calcular cuánto habíamos ganado ese primer día. Apuntó números, borró algunos, escribió más. Alzó la cabeza sin decir nada. Sus tristes ojos sumidos estaban humedecidos.

Cuando regresamos del trabajo, nos bañamos afuera con el agua fría bajo una manguera. Luego nos sentamos a la mesa hecha de cajones de madera y comimos con hambre la sopa de fideos, las papas y tortillas de harina blanca recién hechas. Después de cenar nos acostamos a dormir, listos para empezar a trabajar a la salida del sol.

Al día siguiente, cuando me desperté, me sentía magullado; me dolía todo el cuerpo. Apenas podía mover los brazos y las piernas. Todas las mañanas cuando me levantaba me pasaba lo mismo hasta que mis músculos se acostumbraron a ese trabajo.

Era lunes, la primera semana de noviembre. La temporada de uvas se había terminado y yo podía ir a la escuela. Me desperté temprano esa mañana y me quedé acostado mirando las estrellas y saboreando el pensamiento de no ir a trabajar y de empezar el sexto grado por primera vez ese año. Como no podía dormir, decidí levantarme y desayunar con Papá y Roberto. Me senté cabizbajo frente a mi hermano. No quería mirarlo porque sabía que estaba triste. Él no asistiría a la escuela hoy, ni mañana, ni la próxima semana. No iría hasta que se acabara la temporada de algodón, y eso sería en febrero. Me froté las manos y miré la piel seca y manchada de ácido enrollarse y caer al suelo.

Cuando Papá y Roberto se fueron a trabajar, sentí un gran alivio. Fui a la cima de una pendiente cerca de la choza y contemplé la Carcachita en su camino hasta que desapareció en una nube de polvo.

Dos horas más tarde, a eso de las ocho, esperaba el camión de la escuela. Por fin llegó. Subí y me senté en un asiento desocupado. Todos los niños se entretenían hablando o gritando.

Estaba nerviosísimo cuando el camión se paró delante de la escuela. Miré por la ventana y vi una muchedumbre de niños. Algunos llevaban libros, otros juguetes. Me bajé del camión, metí las manos en los bolsillos, y fui a la oficina del director. Cuando entré oí la voz de una mujer diciéndome: —*May I help you?* Me sobresalté. Nadie me había hablado en inglés desde hacía meses. Por varios segundos me quedé sin poder contestar. Al fin, después de mucho esfuerzo, conseguí decirle en inglés que me quería matricular en el sexto grado. La señora entonces me hizo una serie de preguntas que me parecieron impertinentes. Luego me llevó a la sala de clase.

El señor Lema, el maestro de sexto grado, me saludó cordialmente, me asignó un pupitre, y me presentó a la clase. Estaba tan nervioso y asustado en ese momento cuando todos me miraban que deseé estar con Papá y Roberto pizcando algodón. Después de pasar lista, el señor Lema le dio a la clase la asignatura de la primera hora. —Lo primero que haremos esta mañana es terminar de leer el cuento que comenzamos ayer —dijo con entusiasmo. Se acercó a mí, me dio su libro y me pidió que leyera. —Estamos en la página 125 —me dijo. Cuando lo oí, sentí que toda la sangre se me subía a la cabeza, me sentí mareado. —¿Quisieras leer? —me preguntó en un tono indeciso. Abrí el libro a la página 125. Sentía la boca seca. Los ojos se me comenzaron a aguar. El señor Lema entonces le pidió a otro niño que leyera.

Durante el resto de la hora me empecé a enojar más y más conmigo mismo. «Debí haber leído», pensaba yo.

Durante el recreo me llevé el libro al baño y lo abrí a la página 125. Empecé a leer en voz baja, pretendiendo que estaba en clase. Había muchas palabras que no sabía. Cerré el libro y volví a la sala de clase.

El señor Lema estaba sentado en su escritorio. Cuando entré me miró sonriendo. Me sentí mucho mejor. Me acerqué a él y le pregunté si me podía ayudar con las palabras desconocidas. —Con mucho gusto —me contestó.

El resto del mes pasé mis horas de almuerzo estudiando ese inglés con la ayuda del buen señor Lema.

Un viernes, durante la hora del almuerzo, el señor Lema me invitó a que lo acompañara a la sala de música. —¿Te gusta la música? —me preguntó.

—Sí, muchísimo —le contesté, entusiasmado—. Me gustan los corridos mexicanos.

Él, entonces, cogió una trompeta, la tocó, y me la pasó. El sonido me hizo estremecer. Era un sonido de corridos que me encantaba. —¿Te gustaría aprender a tocar este instrumento? —me preguntó. Debió haber comprendido la expresión en mi cara porque antes que yo respondiera, añadió: —Te voy a enseñar a tocar esta trompeta durante las horas del almuerzo.

Ese día casi no podía esperar el momento de llegar a casa y contarles las nuevas a mi familia. Al bajar del camión me encontré con mis hermanitos que gritaban y brincaban de alegría. Pensé que era porque yo había llegado, pero al abrir la puerta de la chocita, vi que todo estaba empacado en cajas de cartón.

El juego de la patada

Yo estaba de mal humor. Era el último día de clases antes de salir de vacaciones de verano. Sabía que ese día se aproximaba pero trataba de no pensar en ello porque me ponía triste. Sin embargo, para mis compañeros de clase era un día feliz.

En la última hora, la señorita Logan solicitó voluntarios para compartir con el grupo lo que iban a hacer durante el verano. Muchos levantaron la mano. Unos hablaron de irse de viaje y otros de irse a un campamento de verano. Tratando de no escuchar, yo crucé los brazos debajo del pupitre y bajé la cabeza. Después de un rato logré desconectarme de lo que decían y sólo escuchaba vagamente las voces que venían de diferentes partes del salón.

De regreso a casa en el autobús de la escuela, saqué mi libretita y mi lápiz del bolsillo de mi camisa y comencé a sacar cuentas de cuánto tiempo faltaba para volver a empezar las clases —de mediados de junio hasta la primera semana de noviembre, cerca de cuatro meses y medio. Diez semanas pizcando fresas en Santa María y otras ocho semanas cosechando uvas y algodón en Fresno. Conforme sumaba el número de días, me comenzó a doler la cabeza y mirando por la ventana me dije a mí mismo: «Ciento treinta y dos días más después de mañana».

Tan pronto llegué a casa, me tomé dos aspirinas de Papá y me acosté. Apenas había cerrado los ojos cuando escuché a Carlos, nuestro vecino, gritar afuera:

—¡Ándale, Panchito, vamos a comenzar el juego!

El juego se llamaba *kick-the-can*. Lo jugaba con mis hermanos más chicos, Trampita, Torito y Rubén en días de clase cuando no tenía tarea, y los fines de semana cuando no llegaba tan cansado de trabajar en los campos.

—¡Apúrate o me la pagas! —gritó Carlos impacientemente.

Me gustaba el juego, pero no me divertía jugando con Carlos. Él era mayor que yo y a cada rato me lo recordaba, especialmente cuando no me ponía de acuerdo con él. Si queríamos jugar, teníamos que seguir sus reglas. Nadie podía jugar a menos que él quisiera. Vestía pantalón de mezclilla ajustado y una camiseta blanca con las mangas remangadas para mostrar sus músculos y guardar ahí su cajetilla de cigarros.

—¡Ándale, Panchito! —gritó Trampita—. No nos hagas esperar más.

Salí a jugar. Quería olvidar lo de los próximos 133 días.

—Ya era hora —me dijo Carlos, dándome un golpe en el hombro derecho—. Tú serás el guardia —dijo, señalando a Rubén—. Trampita, tú haz la base. Torito, tú trae el bote. Cuando Carlos daba las órdenes, vi a Manuelito parado cerca de los botes de basura. En cada juego, él se paraba solito cerca de ahí porque Carlos no lo dejaba jugar.

—Deja que Manuelito juegue —le dije a Carlos.

—¡No! —me gritó enojado—. Ya te he dicho muchas veces que él no puede jugar. Es demasiado lento.

—Ándale, Carlos, déjalo jugar —insistí.

—¡Que no! —volvió a gritar, dándonos a Manuelito y a mí una mirada amenazante.

—Ándale, Panchito, vete a jugar —me dijo Manuelito tímidamente—. Sólo me pararé aquí para mirar.

Empezamos el juego y mientras jugábamos, me iba olvidando de mis problemas. Incluso mi dolor de cabeza desapareció y así seguimos jugando hasta que anocheció.

El reloj despertador sonó muy temprano a la mañana siguiente. Eché un vistazo por la ventana. Estaba aún obscuro afuera. Cerré los ojos, tratando de dormir un poco más. Pero Roberto, mi hermano mayor, saltó de la cama y jaló las cobijas.

—¡Es hora de levantarse! —dijo. Cuando lo vi ponerse su ropa de trabajo, recordé que teníamos que ir a trabajar y no a la escuela. Sentí los hombros muy pesados.

De camino al trabajo, Papá encendió las luces de la Carcachita para ver a través de la espesa niebla que soplaba de la costa. La niebla cubría el valle todas las mañanas como una sábana gris muy grande.

Ito, el aparcero, ya nos estaba esperando cuando llegamos. Luego una camioneta negra apareció. Podíamos verla a través de la muralla de neblina, no lejos de donde nos habíamos estacionado. El conductor se paró detrás de nuestra Carcachita y en un perfecto español ordenó al que viajaba en la tina de la camioneta que se bajara.

—¿Quién es? —le pregunté a Papá, señalando con el dedo.

—No señales —me dijo Papá—. Es mala educación. Ése es el señor Díaz, el contratista. Dirige el campamento de braceros para la granja Sheehey. El hombre que está con él es un bracero.

En su español mocho, Ito nos presentó a Gabriel, el hombre que acompañaba al contratista.

Gabriel parecía pocos años mayor que Roberto. Vestía un pantalón holgado de color marrón y una camisa de color azul descolorido. Su sombrero de paja lo traía ligeramente inclinado hacia la derecha. Tenía un par de largas y obscuras patillas bien recortadas que bajaban hasta la mitad de su cuadrada quijada. Su cara estaba curtida y las grietas profundas de sus talones eran tan negras como las suelas de sus guaraches.

Gabriel se quitó el sombrero y nos dimos la mano. Se veía nervioso, pero se relajó cuando lo saludamos en español.

Después de irse el contratista, marchamos en línea al final del campo, seleccionamos nuestro surco y comenzamos a trabajar. A Gabriel le tocó estar entre Papá y yo. Ya que era la primera vez que Gabriel cosechaba fresas, Ito le pidió a Papá que le enseñara cómo pizcar. —Es fácil, don Gabriel —le dijo Papá—. Lo principal es que la fresa esté madura y no magullada o podrida. Y cuando se canse de estar en cuclillas, puede pizcar de rodillas. Gabriel aprendía rápido mirando e imitando a Papá.

A las doce, Papá invitó a Gabriel a comer juntos en nuestra Carcachita. Él se sentó a mi lado en el asiento trasero, mientras Roberto y Papá se sentaron en el asiento delantero. De su bolsa de papel sacó una Coca-Cola y tres sándwiches: uno de mayonesa y dos de jalea. —¡Otra vez! Siempre nos da el mismo almuerzo ese Díaz —protestó Gabriel—. Estoy harto de esto.

—Puede comerse uno de mis taquitos —le dije.

—Gracias, pero sólo si aceptas este sándwich de jalea —me respondió, acercándomelo. Miré la cara de Papá y cuando vi su sonrisa, lo tomé y le di las gracias.

—¿Tiene familia, don Gabriel? —le preguntó Papá.

—Sí, y la extraño mucho —le contestó con una mirada distante—. Especialmente a mis tres hijos.

—¿Qué edad tienen? —inquirió Papá.

—El más grande tiene cinco, el mediano tiene tres, y el más pequeño, que es una niña, tiene dos.

—¿Y usted don Pancho? ¿Cuántos tiene?

—Un puñado —le contestó Papá sonriendo—. Cinco muchachos y una niña. Todos viven en casa, gracias a Dios.

—Es usted afortunado. Los puede ver todos los días —dijo Gabriel—. A los míos no los he visto desde hace meses. Continuó como si estuviera pensando en voz alta. —Yo no quería dejarlos solitos, pero no tenía otra alternativa. Tenemos que comer, usted sabe. Les envío un dinerito para la comida y otras necesidades. Quisiera mandarles más, pero después de pagarle a Díaz el alojamiento, comida y transporte, poco me queda. Este Díaz es un ladrón. Nos cobra demasiado por todo—. Después de una pausa agregó: —Ese sinvergüenza no sabe con quién se mete.

En ese momento escuchamos el sonido del claxon de un coche. Era Ito, indicando que era hora de regresar a trabajar. Nuestro descanso de media hora para almorzar había terminado.

Aquella tarde y por varios días después, cuando regresábamos a casa del trabajo, estaba muy cansado para jugar afuera; me iba directo a la cama después de cenar. Pero cuando me acostumbré a la pizca de la fresa, volví a jugar *kick-the-can*. El juego era siempre lo mismo: jugábamos con las reglas de Carlos. Y él nunca dejaba participar a Manuelito.

El trabajo también era siempre lo mismo. Pizcábamos desde las siete de la mañana hasta las seis de la tarde. Sin embargo, a pesar de que los días eran largos, ansiaba ver a Gabriel y almorzar con él todos los días. Yo disfrutaba escuchándole contar historias y pláticas sobre México. Se sentía tan orgulloso de ser del estado de Morelos como Papá de haber nacido en Jalisco.

Un domingo, próximo al fin de la temporada de la fresa, Ito nos envió a Gabriel y a mí a trabajar para un aparcero que estaba enfermo y que necesitaba ayuda extra ese día. Su terreno estaba al lado de los cultivos de Ito. Tan pronto como llegamos, Díaz, el contratista, comenzó a darnos órdenes. —Oye, huerquito, limpia la hierba con el azadón —me dijo—, pero primero quiero que tú y Gabriel me ayuden a bajar el arado de la camioneta. Después de bajarlo, el contratista ató una punta de una soga gruesa al arado y acercándole la otra punta a Gabriel le dijo: —Toma, ata esto alrededor de tu cintura. Quiero que ares los surcos.

—No puedo hacer eso —le dijo Gabriel con una mirada dolorosa.

—¿Qué quieres decir con que no puedes? —le respondió el contratista, poniéndose las manos en la cadera.

—En mi país los bueyes jalan los arados, no los hombres —replicó Gabriel, inclinándose el sombrero para atrás. Yo no soy animal.

—Pero éste no es tu país, ¡idiota! ¡O haces lo que te digo o te corro! —amenazó el contratista.

—No haga eso, por favor —suplicó Gabriel—. Tengo una familia que sufre hambre.

—A mí no me importa ni un centavo tu tiznada familia —replicó el contratista, agarrando a Gabriel del cuello de la camisa y empujándolo. Gabriel perdió el balance, y se cayó de espaldas. Luego el contratista lo pateó de un lado con la punta de su bota. Gabriel se levantó de golpe, apretó los puños y se lanzó en contra del contratista. Blanco como fantasma, Díaz retrocedió.

—No seas estúpido, piensa en tu familia —dijo el contratista, tartamudeando—. Gabriel se contuvo, sofocado de rabia. Sin quitarle los ojos de encima a Gabriel, el contratista se deslizó hacia su camioneta y arrancó, dejándonos en una nube de polvo.

Yo me asusté. Nunca antes había visto una pelea de hombres. Sentía seca la boca, las manos y piernas me temblaban. Gabriel aventó su sombrero al suelo y dijo enojado: —Ese Díaz es un cobarde. Él piensa que es un gran hombre porque les administra el campamento de los braceros a los dueños. ¡Él no es nada más que una sanguijuela! Y ahora me quiere tratar como animal. ¡Ya basta! Entonces, recogiendo el sombrero y poniéndoselo añadió: —Él puede robarme el dinero. Me puede correr. Pero no puede forzarme a hacer lo que no es justo. Él no puede humillarme y quitarme la dignidad. Eso no lo puede hacer.

Todo el día, mientras Gabriel y yo quitábamos la hierba, continué pensando en lo que había pasado esa mañana. Eso me hacía ponerme triste y enojado. Así como cortaba la maleza, Gabriel maldecía. Esa misma tarde, cuando llegué a casa, me sentía muy intranquilo. Salí afuera a jugar *kick-the-can.* —¡Ándenle, muchachos, vamos a jugar! —gritó Carlos, poniendo su pie derecho sobre el bote.

Fui hacia donde estaba Manuelito sentado en el suelo, recargado en uno de los botes de la basura.

—¿No oíste a Carlos? Vamos a jugar —le dije a Manuelito en voz alta para que Carlos me oyera.

—No estás hablando en serio —me contestó Manuelito, levantándose lentamente.

—Sí, tú también —insistí.

—¿De veras, Carlos? —preguntó Manuelito.

—¡No, lárgate! —le gritó Carlos.

Manuelito metió las manos en los bolsillos de los pantalones y se fue.

—Si Manuelito no juega, yo tampoco —le dije a Carlos.

Tan pronto como lo dije, mi corazón comenzó a latir rápidamente. Sentía que las rodillas me temblaban. Carlos se acercó a mí. Estaba que echaba fuego por los ojos.

—¡Manuelito no juega! —me gritó en la cara. Entonces me echó la zancadilla y me empujó. Caí de espaldas como piedra. Mis hermanos corrieron a levantarme.

—¡Tú puedes aventarme, pero no me puedes forzar a jugar! —le grité. Me alejé, sacudiéndome el polvo de la ropa.

Trampita, Torito, Rubén y Manuelito me siguieron a nuestra barraca. Carlos se quedó solo en medio del círculo. Miraba el bote y, de vez en cuando, nos daba ojeadas. Después de unos segundos, enderezó la cabeza, escupió en el suelo, se acercó a nosotros fanfarroneándose y dijo: —Está bien, Manuelito puede jugar.

Gritando con júbilo, Manuelito y mis hermanos empezaron a saltar como chapulines. Yo quería hacer lo mismo, pero me aguanté. No quería que Carlos viera lo feliz que estaba.

Al siguiente día por la mañana, cuando Ito nos dijo que el contratista había corrido a Gabriel y lo había mandado de regreso a México, sentí como si alguien me hubiera dado una patada en el estómago. No me podía concentrar en el trabajo. A veces ni siquiera me movía. Para el tiempo en que yo recogía una caja, Papá ya había recogido dos. Él terminó su surco, empezó otro y se me acercó. —¿Qué te pasa Panchito? —me preguntó—. Vas muy despacio. Necesitas apurarte.

—Es que me quedo pensando en Gabriel —le contesté.

—Lo que hizo Díaz estuvo muy mal, y algún día pagará por eso, si no en esta vida, en la otra —me dijo—. Gabriel sólo hizo lo que tenía que hacer.

Papá me animó dándome varios puñados de fresas que pizcó de mi surco. Con su ayuda pude terminar ese día tan largo.

Cuando llegamos a casa, no quería jugar *kick-the-can*. Sólo quería estar solo, pero mis hermanos no me dejaron. Ellos me siguieron pidiéndome que jugara.

Finalmente acepté cuando Manuelito se acercó y se unió al grupo. —Por favor, aunque sea sólo un juego —me suplicó.

—Está bien, pero sólo uno —contesté.

Emparejamos nuestros palitos para ver quién sería el guardia. Le tocó a Carlos. Mientras él contaba hasta el veinte con los ojos cerrados, corrimos a escondernos. Yo me escondí detrás de un árbol de pimiento que estaba al lado del excusado. Cuando me encontró Carlos, gritó —¡Encontré a Panchito! Él y yo corrimos para alcanzar el bote. Yo lo alcancé primero y lo pateé con todas mis fuerzas. El bote voló en el aire y fue a caer en uno de los botes de basura. Ésa fue la última vez que jugué el juego.

Tener y retener

Como de costumbre, al terminar la cosecha de fresa en Santa María, Papá decidió mudarse al valle de San Joaquín, en el centro de California, para pizcar uvas. Como el año anterior, habíamos pasado los meses de verano recogiendo fresas para Ito, el aparcero. Sin embargo, esta vez no iríamos a Fresno a pizcar las uvas del señor Sullivan. Papá no quería que nos fuéramos a vivir al viejo garaje del señor Sullivan otra vez. Así que nos dirigimos a Orosi, un pueblito que estaba a unas cuantas millas al suroeste de Fresno. Papá había escuchado que un cosechador de uvas en Orosi, llamado Patrini, tenía buenas viviendas para alojar a los trabajadores.

Empacamos nuestras pertenencias en la Carcachita, y nos fuimos de Santa María en septiembre cuando la semana escolar empezaba. Papá iba manejando. Mamá y Roberto se sentaron en los asientos delanteros. Mis hermanos menores, Trampita, Torito y Rubén y yo nos sentamos atrás. Rorra, mi hermanita pequeña, dormía en el regazo de mamá. Todos íbamos callados. El único ruido que se podía escuchar adentro era el pasar de los carros y el zumbido del motor de la Carcachita.

Cuando pasamos por la escuela Main Street, busqué debajo del asiento y saqué mi colección de *pennies*, la cual guardaba en una cajita blanca de cartón. Me palpé el bolsillo de mi camisa para ver si tenía mi libretita azul de apuntes. La saqué, la puse sobre la cajita y la apreté fuertemente entre mis manos. Mientras tanto, miraba por la ventana y me preguntaba cómo sería Orosi.

Después de haber viajado por unas cuantas millas, coloqué mi libretita de nuevo en el bolsillo de mi camisa. Destapé la cajita y me puse a mirar mi colección de *pennies*. Los dividí en dos niveles, separados por un algodón. En la parte de abajo tenía mis dos *pennies* favoritos. Uno de 1910 con la cabeza de Lincoln y el otro de 1865 con la cabeza de Indio.

El Lincoln de 1910 había sido de Papá, pero él me lo regaló. Nosotros vivíamos en Delano, y todos los días, cuando llegábamos a casa después de pizcar uvas, Papá sacaba su cajita de metal, donde guardaba nuestros ahorros y las ganancias del día. Un domingo, cuando él vació la cajita sobre la mesa para contar el dinero, se cayó un *penny* y éste rodó cerca de mí. Lo recogí y se lo entregué.

—¿Sabes cuántos años tiene esta moneda? —me preguntó.

—No —le contesté.

—La hicieron en 1910, el año en que nací —dijo él orgullosamente.

—¡Es un *penny* muy viejo! —dijo mamá, sonriendo alegremente mientras preparaba la cena en nuestra estufa de keroseno.

Papá le lanzó una mirada a Mamá, se rió y le contestó: —Sólo tiene un par de años más que tú, vieja. Sosteniendo la moneda en su mano, papá continuó: —La Revolución empezó ese mismo año.

—¿Qué revolución? —le pregunté.

—La Revolución Mexicana —contestó—. No sé toda la historia —dijo disculpándose—. Yo no fui a la escuela, pero lo que sé, lo aprendí de escuchar los corridos y a tu abuelita Estefanía. Ella me contó que, durante esa época, muchos de los hacendados ricos trataban a los campesinos como esclavos.

—¿Mi abuelito Hilario peleó en la Revolución? —le pregunté.

—No, mi'jo —me contestó—. Mi padre murió seis meses después de que nací. Pero tu abuelita apoyó la Revolución al igual que mucha gente pobre. También oí decir que muchos hacendados enterraban su dinero y sus joyas para esconderlas de los revolucionarios. Muchos de esos tesoros nunca fueron encontrados. Pero la gente decía que de abajo de la tierra salían llamas rojo-amarillentas por donde se encontraba el tesoro enterrado, y la gente las podía ver desde lejos en la noche. Luego, medio riendo, agregó: —Yo no sé si es verdad, pero eso era lo que decían.

Papá tomó mi mano y puso la moneda en ella, diciendo: —Tómala, para que así no olvides el año en que nací. Y si sigues ahorrando *pennies*, algún día tendrás tu propio tesoro.

Estaba tan emocionado que casi olvidé darle las gracias a Papá. Examiné el *penny* detalladamente. El año de 1910 estaba casi desgastado.

Desde ese entonces, empecé a coleccionar *pennies*. Me gustaban más los viejos que los nuevos.

Cuando recorríamos la carretera a San Luis Obispo, coloqué la moneda con la cabeza de Lincoln atrás de la cajita y saqué la moneda de 1865, la de la cabeza de Indio.

Carl me la regaló cuando yo estaba en quinto grado en Corcoran. Él y yo éramos compañeros de escuela, pero cuando los dos descubrimos que coleccionábamos monedas, nos hicimos buenos amigos. Durante el recreo, cuando jugábamos pelota, nos asegurábamos de quedar en el mismo equipo, y comíamos nuestra comida juntos todos los días.

Un viernes después de la escuela, Carl me invitó a su casa para que viera su colección de monedas. Tan pronto como sonó el último campanazo, corrimos a su casa, la cual estaba a sólo tres cuadras de la escuela. Cuando entré en ella me quedé asombrado. Nunca había estado dentro de una casa. La alfombra por la que caminaba se sentía como costales llenos de algodón. La sala estaba calientita, y era tan grande como la cabaña donde nosotros vivíamos. La luz era suave y calmante. Carl me enseñó su cuarto. Él tenía su propia cama, y su propio escritorio. Del ropero que estaba lleno de ropa, sacó una caja de puros y varios cuadernillos azules.

—Éstos son mis *pennies* —dijo él, abriendo uno de sus cuadernillos. Sus monedas estaban muy bien ordenadas por año. Mis ojos y dedos se fueron directamente a la moneda más antigua.

—Ésa es de la cabeza de Indio de 1860 —dijo él.

—Yo creía que todos los *pennies* tenían la cabeza de Lincoln —dije sorprendido.

—¡Oh no! —dijo él, abriendo su caja de puros—. Ves, yo tengo muchos de ésos.

—Te doy una de mis monedas de Lincoln por una de las tuyas de cabeza de Indio —le dije.

Carl lo pensó por un momento y me dijo: —No tienes que darme nada. Te doy una; escoge la que quieras.

—Gracias —le dije muy emocionado. Rápidamente recorrí con la vista los *pennies* y escogí uno del año 1865. Era el más viejo de los que me ofreció.

Cuando regresábamos a la escuela para tomar mi autobús, Carl me dijo: —¿Cuándo podré ir a tu casa para ver tu colección? —Su pregunta me tomó por sorpresa. Nunca se me ocurrió que él quisiera ir a mi casa. Después de haber visto su casa, estaba seguro de que no quería llevarlo a conocer el lugar en que yo vivía.

—Pues...dime, ¿cuándo? —me volvió a preguntar, un poco confundido porque yo no le contestaba.

Después de pensar en varias excusas, finalmente le dije: —Vivo muy lejos. Creo que mejor traeré mi colección a la escuela. No es muy grande; sólo son unos cuantos *pennies* con la cabeza de Lincoln.

—Está bien, pero de todas formas me gustaría verla —dijo él.

Después de ese día, nunca volví a ver a Carl para mostrarle mi colección. Ese fin de semana nos mudamos a Five Points.

Coloqué el *penny* en su lugar de la cajita y la cerré. Miré directamente por el parabrisas, entre Papá y

Mamá, para ver qué tanto habíamos avanzado y para buscar letreros que indicaran Orosi.

—Papá, ¿qué quiere decir Orosi? —pregunté.

—No estoy seguro, mi'jo —me respondió—. Pero presiento que nos va a gustar el lugar.

Saqué mi libretita y escribí la palabra, dividiéndola en dos palabritas. Oro/sí. Basándome en lo que Papá había dicho, yo miraba en ese nombre una promesa de que el lugar iba a ser bueno.

Cerré mi libretita y la sostuve en la palma de mi mano. Estaba casi nueva cuando la encontré en el basurero municipal de Santa María. Pero ahora la cubierta azul estaba despintada y las orillas estaban desgastadas. Me puse a alisarla, y recordé el día en que yo la usé por primera vez.

Fue en la clase de sexto grado con la maestra Logan, en Santa María. Era a finales de enero, y acabábamos de regresar de Fresno, donde yo había comenzado el sexto grado en la clase del señor Lema en noviembre. Yo estaba atrasado en inglés, la materia favorita de la señorita Logan. Todos los días ella escribía una palabra diferente en inglés en el pizarrón y nos decía que la buscáramos en nuestro diccionario lo más rápido que pudiéramos. El estudiante que la encontrara más rápido obtendría un punto y, al final de la semana, el que juntara más puntos obtendría una estrellita de oro. Yo nunca conseguí ni una estrellita ni un punto. Me tardaba demasiado para encontrar las palabras y tampoco sabía el significado de muchas de ellas. Así que decidí anotar todas esas palabras en mi libretita con todo y sus definiciones para memorizarlas. Continué haciendo eso durante todo el año. Y aún después de que me salí de la clase de la señorita Logan, seguí agregando nuevas palabras con sus respectivas definiciones en mi libretita. También escribía otras cosas que necesitaba aprender de la escuela, como la forma de deletrear ciertas palabras, al igual que algunas reglas de matemáticas y gramática. Llevaba mi libretita en el bolsillo de la camisa y mientras trabajaba en el campo, memorizaba la información que había escrito en ella. Adondequiera que iba, yo siempre me la llevaba conmigo.

Después de viajar durante cinco horas, llegamos a nuestro nuevo hogar en Orosi. Era una casa vieja de madera, amarilla y de dos pisos. Estaba a unas quince millas fuera de la ciudad. El señor Patrini, el dueño, nos dijo que la casa tenía setenta años de antigüedad. No podíamos usar el segundo piso porque estaba en malas condiciones. El primer piso tenía una cocina y dos recámaras. Detrás de la casa había un enorme establo, y cientos de viñedos.

No nos tomó mucho tiempo para descargar la Carcachita. Papá, Mamá y Rorra ocuparon un cuarto; Roberto, Trampita, Torito, Rubén y yo tomamos el otro. Después de que habíamos acomodado nuestras pocas pertenencias, me senté en el piso a mirar mis *pennies*. Quería asegurarme de que no rozaran uno con otro antes de ponerlos debajo del colchón. Cuando me di cuenta, Rorra estaba parada cerquita de mí.

—¿Me das uno? —preguntó.

—¿Un qué? —le contesté.

—Un *penny* —me dijo.

—No de éstos —le dije—. Éstos son especiales. Ella hizo una mueca y se fue arrastrando los piececitos.

Esa tarde, antes de acostarme, otra vez revisé mis *pennies*. Me quité la camisa y con cuidado la colgué en un clavo que había en la pared, asegurándome que no se cayera mi libretita del bolsillo. Después de rezar, nos metimos a la cama. No podía dormir. «No puedo creer que estamos viviendo en una casa», pensé.

Mis hermanitos debían de haber estado emocionados también porque empezaron a reírse y a cuchichear. Roberto intentó callarlos, pero no pudo. —¡Escuchen! —dijo Roberto en tono muy bajo—. Es La Llorona. ¿La oyen?

—Yo no escucho nada. Sólo quieres asustarnos —le respondió Trampita.

—Eso no es cierto —contestó Roberto—. Cállense y la escucharán. Después todos guardaron silencio por el resto de la noche.

Al siguiente día, antes del amanecer, Papá, Roberto, Trampita y yo fuimos a pizcar uvas para el señor Patrini. Mamá se quedó en la casa para cuidar a mis hermanitos. Yo me llevé mi libretita. Quería aprender unas reglas de ortografía mientras trabajaba, pero no pude. El molesto sol abrasador no me dejó. Como a eso de las diez mi camisa estaba empapada de sudor. Me limpié las manos en los pantalones, y con mucho cuidado saqué mi libretita del bolsillo. La llevé a la Carcachita y la dejé ahí. No quería que se ensuciara o se mojara. Para cuando terminó el día, todo mi cuerpo estaba cubierto del polvo de los viñedos. Mis manos y brazos parecían como si fueran hechos de barro. Me quité la capa de lodo que tenía con el cuchillo que usaba para cortar las uvas.

Al ponerse el sol, llegamos a casa. Mamá y Rorra se fueron a la tienda mientras Papá, Roberto, Trampita y yo nos quitamos la ropa y nos bañamos en una pila que estaba detrás de la casa. Después de vestirnos, yo puse mi libretita en mi camisa limpia.

Cuando Mamá regresó, le ayudé con las provisiones y le pregunté: —¿Te dieron algún *penny* en el cambio?

Ella buscó en su monedero y me entregó uno. Era de 1939. —¿Me puedo quedar con él? —le pregunté.

—Claro, mi'jito —me contestó.

Fui a mi cuarto para ponerlo con el resto de mi colección. Saqué mi caja de abajo del colchón y le quité la tapa. La primera capa de algodón estaba vacía. «No puede ser, tienen que estar aquí», pensé. Después revisé la segunda capa. Nada. ¡Mis *pennies* de 1910 y 1865 habían desaparecido! Salí del cuarto gritando, — ¡Mis *pennies*, alguien los tomó!

Cuando llegué a la cocina, Rorra corrió y se escondió detrás de Mamá, quien estaba preparando la cena. —¿Tú tomaste mis *pennies*? —le grité a mi hermanita—. Si los tomaste, ¡dámelos! Refugiándose tras la falda de Mamá, Rorra extendió el brazo, abrió la mano, y me ofreció dos bolas rojas de chicle. —¡No quiero tus chicles, quiero mis *pennies*! —le volví a gritar. Ella aventó las bolas de chicle y empezó a lloriquear.

—Cálmate Panchito —me dijo Mamá—. Después se quedó viendo a mi hermana y le preguntó: —Mi'ja, ¿tú tomaste los *pennies* de Panchito? Rorra movió la cabeza afirmativamente. —¿Y qué hiciste con ellos? —continuó Mamá—. Rorra señaló las bolas de chicle que estaban en el piso. —¿Pusiste los *pennies* en la máquina de chicles de la tienda? —preguntó.

Cuando ella dijo que sí, sentí que se me encendía la cara; todo se veía borroso. Me salí de la casa, golpeando la puerta. Me senté en los escalones del frente y me puse a llorar.

Segundos después, Mamá salió y se sentó junto a mí. —Entiendo que estás muy resentido, mi'jito, pero tu hermana sólo tiene cuatro años —dijo tiernamente. Entonces aclaró su voz y continuó: —Déjame contarte una historia que escuché cuando era niña. Hace mucho tiempo vivía una hormiguita muy viva que siempre ahorraba *pennies* hasta que se volvió rica. Muchos animales se querían casar con ella, pero la asustaban. El gato maullaba mucho, el loro hablaba siempre, y el perro ladraba muy fuerte. Un toro y una cabra también la espantaban, menos un pequeño ratoncito café que se llamaba Rafaelito. Él era tranquilo, inteligente, formal y de buenos modales. Se casaron y vivieron muy felices por mucho tiempo. Hasta que un día cuando la hormiguita estaba cocinando una olla de frijoles, se cayó dentro y se ahogó, dejando al ratoncito con mucho dinero, pero terriblemente triste y solo. Pues vez, mi'jito, Rorra es mucho más imporante que los *pennies*. No seas tan duro con tu hermanita.

El cuento de Mamá me calmó un poco, pero aún estaba enojado con mi hermana. Suspiré y regresé a mi cuarto. Me senté en el colchón y saqué mi libretita de mi camisa. Le di vuelta a la hoja donde había apuntado mis *pennies*, y taché la cabeza de Lincoln de 1910 y la cabeza de Indio de 1865.

La siguiente mañana, antes de irme al trabajo, mamá y yo forramos mi libretita con papel encerado para que no se ensuciara. Entonces marqué las reglas de ortografía que quería memorizar ese día. Mientras pizcaba las uvas, repasaba el texto mentalmente y sólo veía los apuntes en mi libretita cuando tenía que hacerlo. Esto hizo que el tiempo se me pasara más rápido.

De regreso a casa, nos detuvimos en una gasolinera para comprar keroseno para la estufa. El dependiente llenó nuestro tanque de cinco galones y lo puso en la cajuela de la Carcachita. Cuando llegamos a casa, Papá le dio a Roberto las llaves del carro y nos pidió que bajáramos el tanque y llenáramos la estufa.

—Panchito, esto no huele a keroseno —dijo Roberto en cuanto bajó el tanque de la Carcachita—. Huele a gasolina; mejor ve a decirle a Papá.

Entré a la casa y le dije a Papá. Él estaba clavando una tabla que hacía falta en el cuarto. —Estoy seguro

de que está bien, mi'jo —respondió Papá—. Probable-
mente es del keroseno barato.

Me quité la camisa, la puse en el colchón, y después
regresé a donde estaba Roberto. —Papá dice que está
bien —le dije a mi hermano.

Roberto encogió los hombros, cargó el tanque y lo
llevó a la cocina. Mamá ya estaba a punto de preparar
la cena. Ella primero limpió la estufa para que a
Roberto se le facilitara llenarla. La estufa estaba sobre
una mesa bajo la ventana que tenía cortinas de plástico.
Cuando Roberto terminó, Mamá colocó la olla de los
frijoles en una de las parrillas. Entonces encendió un
cerillo y tan pronto como lo acercó a la parrilla, la estufa empezó a lanzar llamas, quemando las cortinas.
—¡Ay Dios mío! —exclamó Mamá, empujando a
Roberto y a mí lejos de la estufa—. Viejo, ¡la cocina se
está incendiando! Las cortinas se achicharraron.
Cayeron al suelo pedazos de plástico en llamas. Olía a
hule quemado. Roberto levantó del piso una olla con
el agua jabonosa de los trastes y la arrojó sobre la estufa. Fue peor. El agua también agarró fuego y éste se
extendió por el piso.

—¡Sálganse! —Papá gritó, al ver las llamas cuando
entró a la cocina.

—¡Fuera, fuera! —repitió Mamá. Roberto y yo corrimos para el frente de la casa. Trampita, Rubén, Rorra y Torito ya estaban afuera. Todos estábamos cerca de la Carcachita. Cuando vi a Mamá llorando, me asusté más. Momentos después, salió Papá tosiendo y sosteniendo en sus brazos algo envuelto en una cobija. Su pelo estaba chamuscado. Puso el bulto en el suelo y lo destapó.

Al instante que vi la cajita de metal plateado, pensé en mi libretita. —¡Mi libretita! —grité, recordando que la había dejado en mi camisa sobre el colchón.

Corrí hacia la casa, pero inmediatamente Roberto me agarró y, jalándome de la camisa, me gritó: —¡Estás loco!

—¡Tengo que salvarla! —le grité, tratando de soltarme. Papá se puso en frente de mí. —¡Ya! No seas tonto, Pancho —me gritó enojado. Su mirada me asustó. Me quedé quieto. Roberto me soltó. Yo apreté los puños y traté de contener mis lágrimas.

Cuando los bomberos llegaron, la casa ya se había quemado completamente. Las llamas que quedaban se veían como si salieran de la tierra.

Papá levantó la cajita de nuestros ahorros, comenzó a caminar cansado hacia el establo, y dijo: —Vamos a tener que dormir en el establo esta noche. Mañana buscaremos otro lugar donde vivir.

Todos lo siguieron, menos yo. Yo me quedé atrás. —Vamos, Panchito —dijo Mamá.

Cuando ella vio que yo no me movía, se regresó a traerme y me abrazó. Entonces estallé en llanto. Mirándome directamente a los ojos, me levantó la barbilla y me dijo: —Estamos todos bien, gracias a Dios.

—Sí, pero perdí mi libretita, igual que mis *pennies* —respondí.

Después de una larga pausa, con los ojos llorosos, me preguntó: —¿Te acuerdas de lo que había en tu libretita?

—Sí —le contesté, preguntándome a qué se refería.

—Bueno, si recuerdas lo que contenía tu libretita, entonces no todo está perdido —me dijo.

Escuché las palabras de Mamá pero no entendí el significado, hasta unos días después. Nos habíamos mudado a otro campamento de trabajo, también del señor Patrini, y estábamos pizcando uvas para él. Era un día caluroso. Mi ropa estaba bañada de sudor. Me agazapé debajo de un viñedo para cubrirme del sol, pero el calor lo traspasaba. Recordé entonces lo del incendio y me toqué el bolsillo de la camisa. Estaba vacío. Sintiendo un nudo en la garganta, me puse a pensar en Carl, mis *pennies*, la casa. Entonces pensé en mi libretita y en lo que había dicho Mamá. Podía recordar cada palabra, cada número, cada regla que había escrito en ella. Lo sabía todo, lo recordaba todo. Mamá tenía razón. No todo estaba perdido.

Peregrinos inmóviles

Últimamente, cuando regresaba a casa de la escuela, encontraba a Papá acostado boca arriba sin moverse y quejándose porque no podía ir a pizcar algodón por el dolor de espalda que lo estaba matando. Con frecuencia hablaba de dejar Corcoran y volver a Santa María, pero cambiaba de opinión esperando mejorarse. Papá se preocupaba de que no tuviéramos suficiente dinero ahorrado al final de la temporada de algodón para sobrevivir los meses de invierno. Ya estábamos a finales de diciembre y Roberto, mi hermano mayor, era el único que estaba trabajando. Mamá se quedaba en la casa para cuidar a Papá, a Rorra y Rubén. Mis otros dos hermanitos, Torito y Trampita, iban a la escuela conmigo, y los fines de semana, cuando no llovía, íbamos a trabajar con Roberto. El único algodón que nos quedaba por pizcar era «la bola», los restos de la primera cosecha que pagaban a centavo y medio la libra.

Pero ese día cuando llegué a casa, Papá no se quejaba por nada, ni siquiera de su espalda. Tan pronto como entré en la chocita, se estiró para enderezarse y levantarse del colchón que estaba en el piso, y exclamó:

—¡Mi'ijo!, ¿estás bien?

—Sí, Papá —respondí, preguntándome por qué él se veía tan preocupado.

—Gracias a Dios —dijo—. La migra barrió por todo el campamento hace como una hora y yo no sabía si había ido a tu escuela también.

Mamá seguramente notó el miedo en mis ojos cuando escuché la palabra «migra» porque ella inmediatamente se me acercó y me abrazó.

Esa palabra provocaba un gran temor en mí porque recordaba la redada que habían hecho los de inmigración en *Tent City,* un campamento de trabajo en Santa María, donde vivíamos antes. Fue un sábado, ya por la tarde. Yo estaba jugando canicas con Trampita enfrente de nuestra carpa cuando oí a alguien gritar: «¡La Migra!» «¡La Migra!». Yo vi cómo varias camionetas chirriaban al pararse, bloqueando la entrada al campamento. Las puertas de las camionetas se abrieron rapidísimo, y salieron unos hombres armados vestidos en uniformes verdes. Ellos invadieron el campamento, registrando las carpas en busca de trabajadores indocumentados que corrían, tratando de escapar al monte que estaba detrás del campamento. Agarraron a muchos, como a doña María, la curandera, y los metieron como un rebaño de ovejas en los coches de la patrulla fronteriza. Pocos lograron escapar. Nosotros tuvimos suerte porque Mamá y

Roberto se habían ido al pueblo a comprar provisiones y cuando los oficiales pasaron por nuestra carpa, Papá les enseñó su tarjeta verde que Ito le había ayudado a conseguir. A Trampita y a mí ni siquiera nos molestaron.

Cuando Roberto llegó a casa del trabajo esa tarde, Papá y Mamá se alegraron de verlo. —¿No viste la migra? —le preguntó Papá.

—Vino a nuestro campamento, pero no nos agarró —dijo Mamá, frotándose las manos.

—Al campo no vino —respondió Roberto.

—Entonces, no saliste con la migra —dijo Papá en broma, tratando de aliviar la tensión.

Roberto le siguió la corriente con el chiste y le respondió: —No, Papá, ella no es mi tipo. Todos reímos nerviosamente.

Cuando Papá dejó de reír y se mordió el labio inferior, yo sabía lo que venía después. —Tienen que tener cuidado —nos advirtió, moviendo su dedo índice al señalar a Roberto y a mí—. No pueden decirle a nadie que ustedes nacieron en México. No pueden confiar en nadie, ni siquiera en sus mejores amigos. Si ellos llegan a saber, los pueden delatar. Yo ya había oído esas palabras tantas veces, que hasta me las había memorizado.

—A ver, ¿dónde naciste Panchito? —me preguntó seriamente, dándome una mirada penetrante.

—En Colton, California —respondí instintivamente.

—Bien, mi'jo —dijo él.

Roberto entonces le dio a papá el dinero que había ganado ese día. Papá apretó sus puños, desvió la mirada hacia la pared, y dijo: —No sirvo para nada; no puedo trabajar; no puedo mantenerlos; ni siquiera puedo protegerlos de la migra.

—No diga eso Papá —respondió Roberto—. Usted sabe que no es así.

Papá miró a Roberto, bajó los ojos, y me pidió que le trajera la cajita pequeña de metal plateado donde guardaba los ahorros. Cuando se la traje, se sentó, la abrió y contó el dinero que había dentro. —Si trabajo en Santa María podríamos medio pasarla este invierno con esto que hemos ahorrado —dijo preocupadamente—. Pero, ¿qué pasará si mi espalda no me deja?

—No se preocupe, Papá —respondió Roberto—. Panchito y yo podemos encontrar trabajo en Santa María, desahijando lechuga o pizcando zanahorias.

Viendo que ésta era una buena oportunidad de persuadir a Papá para que saliéramos de Corcoran, y sabiendo que yo estaba ansioso por regresar a Santa María, Mamá me guiñó el ojo y le dijo a Papá: —Roberto tiene razón, Viejo. Vámonos. Además, puede que vuelva la migra por aquí otra vez. Es más seguro vivir en Santa María.

Después de una larga pausa, Papá finalmente dijo:
—Tienes razón, nos volveremos al Rancho Bonetti, mañana por la mañana.

Como golondrinas retornando a Capistrano, nosotros regresábamos a nuestro nido, Rancho Bonetti, en Santa María, cada año, después de que se terminaba la temporada del algodón en Corcoran. El rancho se había convertido en nuestro hogar temporal. Habíamos vivido siempre allí en barracas, ocho meses del año, de enero a agosto, desde que el campamento para trabajadores en *Tent City* había sido destruido. El rancho estaba al este de Main Street, pero no tenía número de ubicación. La mayoría de los residentes eran trabajadores agrícolas mexicanos que eran ciudadanos americanos o tenían visas de inmigrantes como Papá. Esto hacía al rancho relativamente seguro en relación a las redadas de la migra.

Estaba tan emocionado con volver al Rancho Bonetti que fui el primero en levantarme a la mañana siguiente. Después de empacar nuestras pertenencias y cargarlas en el carro, nos dirigimos hacia el sur, a Santa María. Casi no podía contener mi entusiasmo. Roberto y Trampita estaban emocionados también. Me imaginaba que así era como se sentían los niños cuando hablaban de sus viajes de vacaciones. Papá no pudo manejar por el dolor de espalda, por eso Roberto condujo la

Carcachita. El viaje nos llevó como cinco horas, pero a mí me parecieron cinco días. Sentado en el asiento de atrás, abrí la ventana y saqué la cabeza, buscando letreros que dijeran «Santa María». —¿No puedes ir más rápido? —pregunté impacientemente, pinchándole la espalda a Roberto con el dedo.

—Claro, si quieres que nos den una multa —respondió él.

—Eso sería el colmo —dijo Papá, riéndose entre dientes—. Si eso pasara, sería mejor de una vez entregarnos a la migra.

Inmediatamente cerré la ventana, y me eché para atrás en el asiento sin decir ni media palabra.

Después de algunas horas, Mamá sugirió que paráramos para comer el almuerzo que ella había preparado esa mañana. Yo tenía hambre, pero no quería perder tiempo. —Podemos comer en el carro —dije, esperanzado en que mis hermanitos apoyaran la idea.

—Y Roberto, ¿qué? Él no puede comer mientras conduce —respondió Papá.

Paramos al lado del camino para comer. Papá se bajó cuidadosamente del carro, agarrándose del brazo de Roberto y del mío. Se acostó en el suelo y estiró la espalda. Yo engullí mis dos tacos de huevo con chorizo y asegurándome que Papá no me viera, le hice señas a

Roberto que se apurara. —Ya pues, Panchito —dijo Roberto un poco molesto—. Ya casi termino.

Después del almuerzo continuamos nuestro viaje, y cuanto más nos acercábamos a Santa María, más emocionado me sentía porque yo sabía donde íbamos a vivir los meses siguientes. Me hacía ilusión volver a ver a algunos de mis compañeros del octavo grado de El Camino Junior High. No los había visto desde junio del año anterior cuando terminó la escuela. «¿Me recordarían?», pensé.

Al pasar por Nipomo, el último pueblo antes de llegar a Santa María, mi corazón empezó a palpitar con más fuerza. Y tan pronto como vi el puente de Santa María, el cual marcaba la entrada a los límites de la ciudad, yo grité: —¡Ya llegamos! ¡Ya llegamos! Trampita y Torito también empezaron a gritar y despertaron a Rubén que se había dormido. Mamá nos miró y se rió.

—Se han vuelto locos —dijo Papá, sonriendo y poniendo su dedo en la sien.

Una vez que cruzamos el puente de cemento, que se extendía sobre un río seco como por un cuarto de milla, yo estiré el cuello, tratando de ver si localizaba el Rancho Bonetti. Sabía que quedaba cerca de donde había estado *Tent City,* como a una milla al sur del basurero municipal.

La carretera se transformó en la calle Broadway y pasamos propiamente por el centro del pueblo. Cuando llegamos a Main Street, Roberto dobló a la izquierda y condujo hacia el este como diez millas. Por todo el camino, yo iba señalando los lugares que conocía: Main Street School; el KRESS, la tienda de cinco y diez centavos; Texaco, la gasolinera de donde llevábamos el agua para beber; y el hospital donde Torito estuvo internado cuando se enfermó. Después cruzamos Suey Road, que marcaba los límites de la ciudad y el principio de cientos de acres de lechuga y zanahoria recién sembrados.

Cuando doblamos hacia el Rancho Bonetti, vi que nada había cambiado desde el año anterior. Fuimos recibidos por docenas de perros callejeros. Roberto tuvo que disminuir la velocidad de la Carcachita a paso de tortuga para no lastimarlos y para esquivar los baches que había en la calle de tierra que rodeaba las barracas. Algunos de los perros pertenecían a los residentes, pero la mayoría no tenía dueño. Dormían debajo de las barracas y comían lo que encontraban en la basura. Pero nunca estaban solos. Estaban plagados de miles de hambrientas pulgas. Yo les tenía lástima y me preguntaba si a los perros les molestarían tanto las pulgas como a mí cuando ellas invadían mi cama por las noches.

Las barracas estaban iguales. El señor Bonetti, el dueño, las seguía pasando por alto. Parecían ruinas de guerra. Los edificios tenían las ventanas rotas; partes de las paredes estaban caídas y los techos estaban llenos de hoyos. Había pedazos mohosos de maquinaria vieja por todo el rancho. En medio del rancho había un almacén grande donde el señor Bonetti guardaba tablas, cajas de clavos, y otros materiales de construcción que pensaba usar algún día.

Nosotros rentamos y nos acomodamos en la misma barraca donde habíamos vivido el año anterior. Cubrimos con papel los agujeros en las paredes de cartón de yeso; pintamos el interior y cubrimos el piso de la cocina con pintura y linóleo que encontramos en el basurero de la ciudad. Teníamos electricidad. Y aunque no podíamos beber el agua de los grifos porque estaba aceitosa y olía a azufre, la usábamos para bañarnos. La calentábamos en una olla sobre la estufa y la echábamos en un recipiente más grande de aluminio, que usábamos como tina de baño. Para obtener agua para beber, llevábamos botellones de cinco galones y los llenábamos en la gasolinera Texaco del centro de la ciudad. A lo largo del frente de nuestra barraca, Roberto sembró geranios rojos, rosados y blancos. Alrededor de los geranios, construyó un cerquito y lo pintó, usando materiales que también encontramos en el basurero de la ciudad.

A la derecha de nuestra casa, a unos cuantos metros, había tres barriles grandes que servían como basureros para los residentes. El señor Bonetti quemaba periódicamente la basura y acarreaba los restos al basurero municipal en su camioneta grande. Detrás de nuestra barraca estaba el excusado que compartíamos con otras dos familias. Algunas veces, cuando llovía, la tierra de abajo se movía y hacía que el retrete se ladeara, dificultando mantener el equilibrio estando uno adentro. El señor Bonetti clavó entonces una soga a la pared del lado para que tuviéramos algo de qué sostenernos.

La semana en que llegamos a Santa María, nos inscribimos en la escuela. Roberto empezó el décimo grado en Santa María High School. Trampita y Torito continuaron sus estudios de primaria en Main Street School. En El Camino Junior High School, yo continué el octavo grado que había empezado en Corcoran, la primera semana de noviembre, después de que se había terminado la temporada de uvas. Rubén y Rorra eran todavía muy pequeños para ir a la escuela. Mamá se quedaba en casa para cuidarlos.

A pesar de que era la primera vez que cursaba el octavo grado en El Camino, no me sentía muy nervioso. Recordaba a algunos de los niños en mi clase porque habían estado conmigo en el séptimo grado el año anterior. A algunos apenas los reconocí. Estaban más altos, especialmente los niños. Yo me había quedado igual, cuatro pies y once pulgadas. Era uno de los niños más pequeños de toda la escuela.

Me gustaban mis dos maestros. Tenía al señor Milo para matemáticas y ciencias por las mañanas y a la señorita Ehlis para inglés, historia y estudios sociales por las tardes. En la clase de historia nos concentramos en el gobierno y la Constitución de los Estados Unidos. Me gustaba más la clase del señor Milo porque me iba mejor en matemáticas que en inglés. Cada jueves, el señor Milo nos hacía una prueba de matemáticas, y al siguiente día arreglaba nuestros pupitres de acuerdo a la calificación que sacábamos en la prueba. El estudiante con la nota más alta tenía el honor de sentarse en el primer puesto, en la primera fila. Sharon Ito, la hija del aparcero japonés, para quien trabajábamos pizcando fresas durante el verano, y yo nos alternábamos en el primer lugar, aunque ella ocupó el primer lugar más veces que yo. ¡Me alegraba pensar que no tuviéramos el mismo sistema de asientos en la clase de inglés!

Con el pasar de los días, la espalda de Papá no se mejoró y tampoco su disposición. Siempre estaba de mal humor. Mamá, Roberto y yo nos turnábamos dándole masajes con Vick's Vaporub. Cuando no estaba quejándose por no poder trabajar, se acostaba en la cama sin moverse y tenía una mirada vacía en los ojos. Tomaba muchas aspirinas, comía poco y casi no dormía por las noches. Tomaba pequeñas siestas durante el día, cuando estaba muy agotado.

Una tarde, cuando Papá se estaba echando una cabeceada, Mamá nos llamó aparte a Roberto y a mí.

—No creo que su Papá pueda volver a trabajar en los campos —dijo, limpiándose las manos en el delantal—. ¿Qué vamos a hacer?

Después de una larga pausa, Roberto respondió:

—He estado pensando en buscarme un trabajito en el pueblo. Estoy cansado de trabajar en los campos.

—Sí, un trabajo de todo el año —dijo Mamá.

—¡Esa es una buena idea! —dije entusiasmado—. Así ya no tendremos que mudarnos a Fresno otra vez.

—Tal vez el señor Sims pueda ayudarme —dijo Roberto.

—¿Quién es el señor Sims? —preguntó Mamá.

—El director de Main Street School —respondí—. ¿Se acuerda? Él me dio una vez una chamarra verde.

Tratando de refrescar la memoria de Mamá, Roberto agregó: —Él fue quien me compró un par de zapatos cuando vio que los míos estaban rotos. Yo estaba en sexto grado.

—Ah, sí. Es muy buena gente —dijo Mamá, recordando finalmente quién era.

El señor Sims estuvo de acuerdo en ayudar a Roberto a encontrar un trabajito de medio tiempo en el pueblo. Le dijo a mi hermano que le avisaría cuando encontrara algo. Mientras tanto, Roberto y yo seguimos trabajando, desahijando lechuga y pizcando zanahorias, después de la escuela y los sábados y domingos.

Algunos días después, el señor Sims le dijo a Roberto que le había encontrado un trabajo. Preparó una cita para que mi hermano se entrevistara con el dueño de la zapatería Buster Brown en la calle Broadway ese sábado por la tarde. Roberto, Mamá y yo estábamos muy emocionados.

Temprano el sábado por la mañana, Roberto y yo nos fuimos al trabajo a desahijar lechuga. Mientras conducía, Roberto no dejaba de hablar de su nuevo trabajo en la zapatería. Su cita esa tarde parecía tan lejos. Para que las horas pasaran más rápido, decidimos competir. Pusimos una marca a un tercio de nuestros surcos para ver si podíamos llegar hasta ahí sin estirarnos. —¿Listo? ¡Dale! —dijo Roberto.

Me agaché y empecé a desahijar con mi azadón cortito, de seis pulgadas. Después de más o menos veinte minutos sin descansar, no podía aguantar el dolor de espalda. Me hinqué y seguí trabajando de rodillas sin parar. Tan pronto como llegué a la marca, me eché al suelo de espaldas. Roberto hizo lo mismo. —Lo logramos —dije sin aliento—. Pero me está matando el dolor de espalda. Para aliviar el dolor, me di vuelta y me acosté boca abajo en el surco. Roberto me dio masaje con sus manos fuertes. Sentía un gran alivio cuando mi rabadilla tronaba.

—Te estás poniendo viejo, Panchito. Vamos a descansar —dijo Roberto, riendo. Yo reía entre quejido y quejido.

Roberto se acostó boca abajo a mi lado. Yo me di vuelta y vi el cielo gris. Las nubes negras amenazaban lluvia.

—Estoy cansado de mudarnos cada año —dijo Roberto, recogiendo terrones y arrojándolos.

—Yo también —dije—. Luego, siguiendo con los ojos una nube que pasaba, pregunté:

—¿Te has puesto a pensar en lo que estaremos haciendo dentro de diez o veinte años o dónde estaremos viviendo?

Asegurándose de que nadie nos estuviera escuchando, Roberto me dijo en voz baja: —Si no nos

deportan.... Luego añadió en voz alta: —En Santa
María, por supuesto. No puedo imaginarme viviendo
en otra parte. ¿Y tú?

Recordando los diferentes campamentos donde
habíamos vivido, contesté: —No quiero vivir en Selma,
Visalia, Bakersfield o Corcoran. Después, pensándolo
por un rato, dije: —Me gusta Santa María. Así es que si
decides vivir aquí para siempre, yo también.

Inmediatamente después del almuerzo, Roberto
dejó el trabajo para asearse y cumplir con su cita. Yo
seguí trabajando y pensando en el nuevo trabajo de
Roberto. Cada pocos minutos me estiraba para descansar mi espalda. «Ésta es nuestra oportunidad de
quedarnos en Santa María todo el año y así no tener
que dejar la escuela para ir a pizcar uvas en Fresno», me
dije a mí mismo. Cuanto más pensaba en esa idea, más
me ilusionaba. «Tal vez Roberto me consiga un trabajito en la zapatería también», pensé. —¡Qué le parece
esto, Buster Brown! —dije en alta voz, tirando el
azadón por el aire y atrapándolo al vuelo. Tan pronto
como terminé mi tarea, empezó a llover. Corrí y me
cobijé debajo de un árbol de pimienta y esperé a que
llegara Roberto.

Cuando regresó a recogerme, su estado de ánimo
estaba más negro que el cielo. —¿Qué pasa? —le pregunté—. ¿No te dieron el trabajo?

Roberto movió la cabeza y dijo: —No, sí me dieron el trabajo, pero no en la zapatería.

—¿Haciendo qué entonces? —pregunté impacientemente.

—Cortándole el césped, una vez a la semana —respondió Roberto tristemente. Sus labios temblaban.

—¡No! —exclamé, lleno de coraje y tirando mi azadón al suelo—. Y ahora, ¿qué?

Roberto aclaró la voz, se enjugó los ojos con la manga de la camisa, y dijo: —Voy a hablar con el señor Sims el lunes, después de la escuela, a ver si sugiere alguna otra cosa. Recogió mi azadón y me lo entregó. —No pierdas la fe, Panchito —me dijo, poniendo su brazo sobre mi hombro—. Todo saldrá bien.

El lunes por la mañana, mi mente no estaba en la escuela. Me preocupaba por Papá y no podía dejar de pensar en Roberto. «Espero que consiga un trabajo», pensé. «Pero, ¿y si no? No, ¡sí lo encontrará!», me dije a mí mismo.

Para colmo de desgracias, esa tarde la señorita Ehlis nos dio a la clase una tarea que no me esperaba. —Voy a pasar una parte muy importante de la Declaración de Independencia que quiero que se memoricen —dijo, contando las hojas mimeografiadas que entregaba a cada fila. El aviso despertó quejidos y protestas de toda la clase. —Vamos, no es para tanto —dijo sonriendo—. La parte que quiero que se memoricen es muy corta. Cuando todos tuvimos la hoja de papel, ella leyó las primeras líneas a la clase.

«Mantenemos que estas verdades son evidentes: que todos los hombres son creados iguales; que el Creador les ha otorgado ciertos derechos inalienables, entre ellos el derecho a la vida, la libertad y la busca de la felicidad. Que para asegurar estos derechos, los gobiernos son instituidos entre los hombres, derivando su justo poder del consentimiento de los gobernados». —¿Ven? No es tan difícil. Pueden recitármelo a mí sola o para ganar más puntos, lo pueden hacer enfrente de la clase.

Debíamos hacerle saber nuestra preferencia la siguiente semana. Para mí sólo había una alternativa: recitárselo en privado. No quería arriesgarme a hablar enfrente de toda la clase por miedo de que se rieran de mi fuerte acento mexicano. Yo sabía que tenía un acento muy marcado, no porque me lo oyera yo mismo, sino porque los niños a veces se burlaban de mí cuando hablaba inglés. No podía arriesgarme a que esto me pasara enfrente de toda la clase, aunque quería sacar los puntos extra.

Esa tarde, después de la escuela, tomé el autobús para ir a casa. En el camino, traté de memorizar las líneas de la

Declaración de Independencia, pero no podía concentrarme. Seguía pensando en qué le habría dicho el señor Sims a Roberto. Cuando llegué a casa y vi la Carcachita, supe que Roberto ya estaba allí. Entré rápidamente. Papá, Mamá y Roberto estaban sentados a la mesa de la cocina.

—¿Qué pasó? ¡Cuéntenme! —dije animadamente.

—¿Qué crees? —me preguntó Roberto, tratando de aguantarse la sonrisa.

Miré de reojo a Papá y Mamá. Ellos estaban radiantes. —¡Conseguiste el trabajo! —grité.

—Sí, el señor Sims me ofreció un trabajo de limpieza en Main Street School —me respondió, sonriendo de oreja a oreja.

—Es un trabajo de todo el año —dijo Mamá, mirando a Papá.

Cuidando su espalda, Papá se paró lentamente y la abrazó suavemente. Luego se volvió hacia Roberto y dijo: —La educación vale la pena, mi'jo. Estoy muy orgulloso de ti. ¡Qué lástima que tu mamá y yo no tuviéramos la oportunidad de ir a la escuela!

—Pero ustedes nos han enseñado mucho, Papá —le dije. No había visto a Papá tan feliz desde hacía muchas semanas.

Después de la comida, me senté a la mesa a hacer mis tareas. Estaba tan feliz por el nuevo trabajo de Roberto

que me era difícil concentrarme. Pero me había pro-
puesto memorizar las líneas de la Declaración de
Independencia y recitarlas perfectamente, sin olvidar
siquiera una palabra. Tomé el texto y lo dividí, línea por
línea. Busqué en el diccionario las palabras que no
sabía: «evidente», «otorgados», «inalienables». Las
agregué a la lista de palabras en inglés que tenía apun-
tadas en mi nueva libretita negra de bolsillo. Me había
acostumbrado a escribir todos los días una palabra en
inglés con su definición y luego memorizarla. Después
de buscar la definición de las palabras, escribí el texto
completo en mi libretita con letras pequeñitas:
«Mantenemos que estas verdades son evidentes: que
todos los hombres son creados iguales...». Repasé
muchísimas veces la primera línea hasta que me la
memoricé. Mi plan era memorizar por lo menos una
línea diaria para así poder recitarlo todo el viernes de la
siguiente semana.

El miércoles, después de la escuela, Roberto llegó en
el carro a El Camino Junior High para recogerme y lle-
varme a que le ayudara a limpiar Main Street School.
Empezaba a llover. Cuando llegamos a la escuela nos
fuimos directamente al sótano donde estaba el cuarto
de servicio para recoger el carrito de limpieza. Tenía
una bolsa grande para la basura, una escoba, una esponja

y otros productos de limpieza. Cuando entramos en la primera clase que teníamos que limpiar, mi mente se llenó de recuerdos. Ésa era la misma clase donde yo había estudiado el primer año cuando era alumno de la señorita Scalapino. Todo parecía igual, sólo el escritorio y los pupitres me parecían mucho más pequeños ahora. Me senté en el escritorio de la maestra, saqué mi libretita y leí la segunda y la tercera línea de mi tarea que necesitaba memorizar. «...que el Creador les ha otorgado ciertos derechos inalienables, entre ellos el derecho a la vida, la libertad y la busca de la felicidad». Fui al carrito de limpieza, agarré la esponja húmeda y empecé a limpiar el pizarrón al mismo tiempo que recitaba las líneas en mi cabeza. Rayos y truenos interrumpieron mi concentración. Miré por la ventana. Estaba lloviendo a cántaros. Reflejado en el vidrio podía ver a Roberto barriendo el piso.

Para el viernes, ya había memorizado las líneas de la Declaración de Independencia y podía recitarlas con cierta facilidad. Sólo la palabra «inalienable» me causaba problemas. Tenía problemas para pronunciarla, así que la dividí en sílabas, repetí cada sonido lentamente y luego la palabra completa. Camino a la escuela en el autobús, saqué mi libretita del bolsillo de mi camisa, cerré los ojos y practiqué diciendo «i-na-lie-na-ble» mentalmente. El niño que iba junto a mí me miró con extrañeza y me preguntó: —¿Estás tratando de decir algo?

Su pregunta me tomó por sorpresa. —No —le respondí—. ¿Por qué preguntas?

—Bueno, porque movías los labios.

Un poco avergonzado, le dije lo que estaba haciendo. Pienso que no me creyó porque se quedó viendo la libretita que yo tenía en la mano, dijo algo entre dientes, y se cambió de asiento.

El día empezó muy bien. En la mañana, el señor Milo devolvió los exámenes de matemáticas y nos pidió que arregláramos nuestros pupitres de acuerdo a nuestras calificaciones. A mí me tocó en el primer asiento de la primera fila. Esto definitivamente era una buena señal. Era mi día de suerte. Estaba tan contento que esperaba con ilusión el momento de recitarle a la señorita Ehlis mi tarea por la tarde.

A la una, después del almuerzo, fui el primero en entrar a la clase de la señorita Ehlis. Me senté en mi pupitre y repasé la tarea en mi mente una última vez: «Mantenemos que estas verdades son evidentes: que todos los hombres son creados iguales; que el Creador les ha otorgado ciertos derechos inalienables, entre ellos el derecho a la vida, la libertad y la busca de la felicidad...». Revisé mis apuntes en mi libretita para asegurarme que no había olvidado nada. Estaba perfecto. Sintiéndome plenamente seguro, puse mi libretita en la gaveta del pupitre y esperé a que la clase empezara.

Después de que sonó la campana y todo el mundo se sentó, Miss Ehlis empezó a pasar lista. Fue interrumpida por unos toquidos en la puerta. Cuando ella la abrió pude ver al señor Denevi, el director de la escuela, y a un hombre parado detrás de él. Tan pronto como ellos entraron a la clase y vi el uniforme verde que el hombre llevaba, me entró pánico. Quería correr, pero mis piernas no se movían. Empecé a temblar y sentía las fuertes palpitaciones de mi corazón en el pecho como si él también hubiera querido escapar. La señorita Ehlis y el oficial de inmigración caminaron hacia mí. Poniendo su mano derecha en mi hombro, y viendo al oficial, ella dijo tristemente: —Él es. Los ojos se me nublaron. Me paré y seguí al oficial de inmigración fuera de la clase hasta llegar al carro que decía *Border Patrol*. Me senté junto a él, en el asiento de enfrente, y nos dirigimos por Broadway a Santa María High School para recoger a Roberto.